现代外语教学与文化融合研究

韩思远　著

中国原子能出版社

图书在版编目（CIP）数据

现代外语教学与文化融合研究 / 韩思远著 . -- 北京 :
中国原子能出版社，2021.9
ISBN 978-7-5221-1602-0

Ⅰ . ①现… Ⅱ . ①韩… Ⅲ . ①外语教学一教学研究
Ⅳ . ① H09

中国版本图书馆 CIP 数据核字 (2021) 第 195648 号

现代外语教学与文化融合研究

出版发行 中国原子能出版社（北京市海淀区阜成路 43 号 100048）
策划编辑 杨晓宇
责任印刷 赵 明
装帧设计 王 斌
印 刷 天津和萱印刷有限公司
经 销 全国新华书店
开 本 787㎜×1092㎜ 1/16
印 张 12
字 数 228 千字
版 次 2022 年 1 月第 1 版
印 次 2022 年 1 月第 1 次印刷
标准书号 ISBN 978-7-5221-1602-0 **定 价** 68.00 元

网 址: http//www.aep.com.cn **E-mail:** atomep123@126.com
发行电话: 010-68452845

前　言

语言与文化密不可分，相互影响，相互作用。因此，现代外语教学中学习语言就必须先了解文化，使文化意识的培养成为外语教学的重要组成部分。通过文化的导入，可以增强外语教学的趣味性和生动性，提高教学效率。语言和文化的关系密不可分，同时也是诸多领域的研究对象。语言蕴含着一个民族丰富的文化内涵，所以跨文化交际不仅仅是语言的交际更是文化的交际。但目前中国大多数的外语教学中，却出现了中西文化失衡或文化缺失的现象。

全书共六章。第一章为绪论，主要阐述了文化的基本概念、外语教学的影响因素、外语教学的理论模式等内容；第二章为现代外语教学的现状，主要阐述了外语教学改革综述、外语教学的现状分析、外语教学面临的机遇与挑战等内容；第三章为现代外语教学的基本模式，主要阐述了任务型外语教学、探究式外语教学、体验式外语教学、情景再现式外语教学、国内典型外语教学模式等内容；第四章为现代外语教学的语言认知，主要阐述了对语言的认识、普遍语法理论、语言学习理论等内容；第五章为现代外语教学与文化交融，主要阐述了文化教学与文化自信、现代外语教学与文化教学、外语教学与跨文化交际能力、大学外语教学的文化自信教育等内容；第六章为学生外语教学文化自信的提升策略，主要阐述了大学外语教学中培养学生文化自信的策略和新时代大学外语教学的文化自信建设策略等内容。

为了确保研究内容的丰富性和多样性，在写作过程中参考了大量理论与研究文献，在此向涉及的专家学者们表示衷心的感谢。

最后，限于作者水平有不足，加之时间仓促，本书难免存在一些疏漏，在此，恳请同行专家和读者朋友批评指正！

作　者

2021 年 1 月

目录

第一章 绪论

外语教学是语言教学的重要组成部分，指某一社区内进行的非本族语教学，一般在人们学会母语后在课堂里进行。近年来，随着各国间的交流越来越频繁，外语教学也越来越受到人们的重视。本章主要分为文化的基本概念、外语教学的影响因素、外语教学的理论模式三部分，主要内容包括：文化的定义、文化的分类、文化的特征、文化理论、情感因素、年龄因素、教学手段、基础层次、本体理论层次以及实践层次等内容。

第一节 文化的基本概念

一、文化的定义

“文化”一词含义及其广泛、复杂。不同时代的国家、民族、地区对文化有不同的界定。不同的研究者从不同的角度出发，得出的结论也千差万别。

中国最早使用“文化”源于西汉时期，人们开始将“文”和“化”两个字合并成为一个词语并使用。在当时，“文化”是指文治教化，是古代统治者治理国家的一种手段。后来“文化”运用的领域增多，含义也不断丰富，延伸出更多含义。《辞海》（2010）里从广义和狭义两种角度对文化进行定义：“广义的文化是指人类在社会发展过程中创造的物质财富和精神财富的总和；狭义的文化是指一种社会意识形态，以及与之相适应的制度和组织机构。”胡文仲、高一虹对文化做了较为完整的概括，文化是特定人群的整个生活方式。文化既复杂又多样，是完整性和可行性的统一，他们认为“知识文化”和“交际文化”同样重要，并将知识文化贯穿在交际文化的使用之中。

泰勒（Edward Burnett Tylor）发表了《原始文化》，在西方最早提出文化定义，他将文化与文明融合为一体，认为文化是一个复杂整体，其中包括法律、习俗、信仰、道德、知识等。萨丕尔（Sapir）对文化是这样界定的："在人类社会中，文化是行为和思想的统一。"他后来继续对文化进行补充和修改，增加了实物文化。莫兰（Moran）发表了《文化教学》，他认为文化是一种生活方式，它可以帮助人类群体不断演进，这种生活方式包含了一套共有的生活实践体系，这种体系以群体中共有的世界观念为基础，和文化产品有关，存在于特定的社会情境中。

综上所述，文化是一个复杂的概念，很难给文化下一个严格并精确的定义，因此本研究中的文化，主要采用新英语课程标准中的对文化的定义："在外语教学中，文化是指所学语言国家的历史地理、风土人情、传统习俗、生活方式、文学艺术、行为规范、价值观念等。"

二、文化的分类

（一）广义文化和狭义文化

目前对于人类文化的认识和理解中，最基本的对文化定义和分类的方法就是将人类的文化分为广义的文化和狭义的文化。"广义的文化指的是人类所创造的物质财富和精神财富的总和，而狭义文化一般只包括人类所创造的精神财富。"1871 年英国人类学家泰勒第一次去掉文化当中物质文化的部分，提出了狭义文化的概念。在泰勒对文化概念的阐释之后，研究者们渐渐深入地研究了文化的狭义概念，美国社会学家戴维·波普诺（David Popenoe）将文化定义为"文化是一个社会群体所共同具有的价值观和意义体系"，他曾在他的书中对文化的概念进行了狭义定义。

（二）物质、精神、社会、行为、观念文化

根据文化概念的侧重点不同，学者们从不同的文化分类标准出发来分类文化。从文化的性质出发，著名学者牛新生根据文化三类法的划分将文化分为五类，在三类法的基础上再扩充了文化的类型，即将观念、行为与社会三种文化与物质和精神文化进行合并，划分为五类文化。牛新生以文化的构成为依托，根据文化的组成要素对五种文化进行定义并得出它们的概念："首先，物质文化，指人类通过加工和改造所制造出来的一切可用的物品；其次，精神文化，指能够表现出的与人类文明相关的一切文化因素；再次，社会文化，指一切涉及社会关系与社会结构如政治、经济、教育等方面有关的文化因素；第四，行

为文化，指一切涉及人类个性与行为表现的文化因素；第五，观念文化，指一切与人类的思想意识及观念相关的文化因素，如人生观、价值观与世界观”。牛新生的文化分类方式被很多研究者引用，因为这种分类方式将文化分类得更趋于完善和合理，文化分类的依据标准也比较明确。

（三）高雅文化、通俗文化和深沉文化

我国著名学者胡文仲认为：“文化可以分为三种文化，即高雅的文化、通俗的文化和深层文化。”高雅的文化所指的主要是各种艺术、心理、宗教、文学、音乐等。通俗的文化主要是指与人们的日常生活相关的包括行为方式、风俗习惯、行为举止、节日庆贺等。而最后一个深层的文化，涉及人们的行为规范准则、宗教传统、价值观、道德标准、思维表达方式等。

（四）物态文化、行为文化、制度文化和精神文化

著名学者陈华文在自己的研究中将文化分为了四个不同层次，第一个层次是物态文化，主要是指人们的物质生产活动和其产物，具有可感性，是具体的物化知识力量；第二个层次是行为文化，主要是指人们在生活世界中所形成的各种行为文化，包括了婚姻、生产、节日、交往等；第三个层次是制度文化，这是人们在社会当中所逐渐探索建立的各种规范，主要包括了政治、法律、经济、家庭、民族、国家、教育、艺术等多种形式；第四个层次是精神文化，主要是在社会生活中形成的区别于动物的特殊文化形态，是人在意识、心理、信仰、价值观等方面的表现，包括宗教、信仰、娱乐、文学、艺术和语言差异等文化。学术界还对文化进行了具体的分类，将其分为了三个层次。第一个层次是表层文化，通常是指那些以物质形态存在的非抽象的可见的文化产品，包括了食品与服饰等，因此也被称为器物文化。第二个层次是中层文化，主要是指人们长期以来所形成的行为规范与社会风俗等相关的内容。第三个层次是深层文化，是指人们在精神层面的文化，主要包括了社会心理、思维方式和价值观念等，又称为观念文化。但这种文化三层次划分理论与上面陈华文学者对文化的划分理论在本质上其实是一样的，只是把中层文化细分为了行为文化和制度文化。

（五）知识文化与交际文化

根据我国著名学者张占一提出的文化分类，他将文化划分为两类，分别为知识文化和交际文化，知识文化指的是不直接影响交际者准确传递信息的语言和非语言文化因素；交际文化是指的是不同文化背景造成的，影响交际者正确

交际的语言和非语言文化因素。就这种文化分类的观点而言，学者胡文仲和高一虹在他们的研究中指出，对于培养学生的跨文化意识，交际文化相比知识文化更为重要，交际文化可以影响交际者之间准确的沟通和交流，所以更有利于培养学生的跨文化交际能力，因此，在我们教师的教学过程当中，应更关注交际文化对学生的作用。这种观点对指导此篇研究具有独特的和重要的意义。

Allen 和 Valette 依据文化的结构，将现有的文化分为了大 C 文化和小 c 文化。前者具体包括了艺术、文学、科技、哲学、建筑等；后者则具体包括了人类的风俗习惯、社会信息、组织方式等。吉尔特·霍夫斯塔德将文化分为“第一文化”和“第二文化”。他认为在狭义上，文化就是教育、文明，尤其与文学、艺术、教育有关，是“第一文化”。而广义文化是“第二文化”。有些学者将“第一文化”定义为“大 C 文化”。而“第二文化”则是“小 c 文化”。H.H.Stem 在对文化进行分类时，将其具体区分为了大 C 文化和小 c 文化两种。这与 Allen 和 Valette 的分类方法如出一辙。关于这种文化分类，Chastain 在他的研究中表明，尽管大 C（知识文化）文化对教师和学生都有着很强的吸引力，但是这种文化相比小 c 文化而言，对学习者社会文化能力以及跨文化交际能力而言，帮助性更小，也就是说小 c 文化（交际文化）能提高学生的跨文化意识，更有利于培养学生的跨文化交际能力。关于文化的这类观点为本研究提供了理论指导。

（六）本族语文化、目的语文化、和国际文化

最常见的一种文化分类是根据国外学者克塔兹和金（Cortazzi&Jin）提出的文化分类，他们将文化分为三类包括“本族语文化（source culture）”“目的语文化（target culture）”和“国际文化（international culture）”，本族语文化指的就是学习者自己国家的文化，也被称为母语文化；目的语文化是指世界范围内以英语为母语的国家的文化；国际文化就是指世界范围内非英语为母语的外国国家的文化。在这种文化分类基础上，有的学者还补充了对比文化和其他文化，对比文化指的是将两种或两种以上的文化进行对比的文化。

三、文化的特征

（一）传承性

文化是社会遗产，不是生理遗产。文化演变的历史告诉我们，一切文化创造之蓝本和灵感，都来自既有文化积淀的借鉴与启发。没有文化成果代代相承的保存与延续，一切创造都将是无米之炊，一切创造灵感都无法进行。失去传承特征的文化，势将如沙漠中的河流，随现随逝、蹇滞断续、生机孱弱，永难

化育为渐宏渐厚的汤汤巨流。

（二）民族性

一般说来，民族具有四大特征：共同的语言、共同的地域、共同的经济生活以及表现于共同的文化特点上的共同的心理素质。因此，民族文化是民族的表现形式之一，是各民族在长期的历史发展过程中自己创造和发展起来的，是具有本民族特色的文化。而文化的民族性主要通过其“世界观”来反映，人类观察事物的角度、思维方式和价值观念因民族而异，如美国人崇尚独立性和自主能力，中国人重视“人伦”的传统、重视亲情和“关系”。

（三）多样性与普遍性

文化都是具体的、特殊的，无论从纵向历史的角度看，还是从横向空间的角度看世界各个时期、各个地域和民族的文化都是不同的。人类学家和社会学家记载了大量世界各地的特殊文化，充分说明文化的多样性。不承认文化的多样性，就会走向种族中心主义，并总用自己民族的价值标准判断别的民族中发生的事件和现象。种族中心主义发展到极端就会产生民族沙文主义，认为自己的民族是优等民族，鄙视和仇恨别的民族。

为了避免种族中心主义的错误，人类学家采取了一种客观的态度，对人的行为的判断不是根据某种外部的标准，而是根据人们所在社会或群体的内部标准来判断是非，这就是所谓的“文化相对论”观点，它避免了种族中心主义的主观性，因此成了现代人类学和社会学的主导思想。但是文化相对论发展到极端，就会放弃任何共同的是非标准，此亦是非，彼亦是非。文化相对论走到极端就否定了人类文化的共同性，而文化的共同性是寓于特殊性和多样性之中的，是客观存在的。美国学者默达克在《社会结构》一书中归纳了不同民族的70余种共同点，它们是存在于各种文化之中的。

（四）动态性与渗透性

文化就其本质而言是不断变化的，是动态的而非静态的。研究进化论的学者认为，人类文化是由低级向高级、由简单向复杂不断进化的。也就是说，我们进行文化研究要注意文化的历时性和共时性，要用历史的、动态的、发展的眼光去看待它。例如，电子计算机的发明和研制得到了社会的普遍认同和广泛利用，从而开创了20世纪下半叶的新局面，成为新时代的标志。此外，文化是相互影响、相互渗透的，人际交流的过程其实也是文化交流的过程。

四、文化理论

（一）Hofstede 的文化价值维度理论

文化维度理论是荷兰心理学家 Hofstede 提出的用于衡量不同国家文化差异的框架。通过调查研究，他将不同文化之间的差异总结为六个价值观维度，下面，分别对这六个维度进行介绍。

1. 个体主义与集体主义

个体主义与集体主义是指在一个社会群体中人们更加关注个人利益还是集体利益。“个体主义”指的是在一种相对松散的社会组织结构中，每个人都更加重视自身的价值与需求，依靠个人的努力来为自己谋取利益。与此相反，“集体主义”则指一种结合紧密的社会组织，其中的人往往以“在群体之内”和“在群体之外”来区分，他们期望得到“群体之内”的人员的照顾，但同时也以对该群体保持绝对的忠诚作为回报。值得注意的是，个体主义与集体主义是区分不同价值观和文化维度最重要的文化维度。可以通过表 1-1 来描述两者的主要特征。

表 1-1　个体主义和集体主义的特征

个体主义	集体主义
关注自身的体验	以集体利益为中心
注重个人的目标	强调集体目标高于一切
以“我”为主的思考方式	以“我们”为主的思考方式
对所有人一致对待	区分“团体内”和“团体外”
展现自己的才能	不突出自己，保持与集体的一致
受教育的目的是提高自身的能力	受教育的目的是得到社会的认同

2. 权力距离

权力距离是指在一个组织当中，权力的集中程度和领导的独裁程度，以及在一个社会团体中，权力距离低的人在多大的程度上可以接受组织当中这种权力分配的不平等。在一种文化中权力距离的大小必然会从该社会内权力大小不等的成员的价值观中反映出来。所以研究社会成员的价值观，就能够判定一个社会对权力差距的接受程度。在权力距离大的社会中，社会成员将权力不平等认为是一种既定的社会现实，其中，权力距离较大的一方认为自身与权力距离较小的一方存在差异，并且会刻意将这种差异放大。与此相反，在权力距离大的社会中，虽然也会存在权力不平等现象，但是社会成员通常会弱化这种不平等，他们强调法律规范，权力距离低的人认为自己和权力距离高的人处于平等的地位。通过表 1-2 可以清晰地看出两者的不同。

表 1-2　权力距离的特征

权力距离大	权力距离小
强调权力的大小	注重人与人的平等
重视个人的能力	重视社会地位、等级尊卑
上级发出指令，下级执行指令	上级咨询下级意见
教育上强调对老师的尊重	老师与学生地位平等
家庭中家长教育子女	父母听从子女意见

3. 男性化与女性化

男性化是指在社会中人们具有竞争意识，自信与野心，重视财富和社会资源的积累。与之相反，女性化社会则更加关注生活本身，注重人们之间的关系和生活的质量。在男性化的社会中对于性别的区分较为明显，大多数家庭保持着传统的“男主外、女主内”的角色分工。而在女性化的社会中性别的区分度并不明显，女性可以自由从事任何职业。在家庭中也没有明显的分工。可以通过表 1-3 来分别表示男性化和女性化的特点。

表 1-3　男性化与女性化的特征

男性化社会	女性化社会
追求事业成功	追求生活质量
重视个人的成就和发展	重视人与人的关系
好学生是标准	普通学生是标准
考试不及格是场灾难	考试不及格无伤大雅
生活是为了工作	工作是为了生活

4. 不确定性规避指数

不确定性规避指数指社会能在多大程度上容忍不确定性。不确定性规避指数高的社会往往设有很多规章制度，人们往往倾向于按照规章制度行事，对于模糊不清的事情会感到紧张和焦虑，有时甚至难以忍受。而不确定性规避指数低的国家对于模糊不清的事情的接受程度较高，对于一些出乎意料的事件也持宽容态度。人们做事随意性较高，不喜欢被规则约束。不确定性规避指数特征如表 1-4 所示。

表 1-4　不确定性规避指数的特征

不确定性规避指数低	不确定性规避指数高
容易接受不确定性事件	极力避免不确定性事件
鼓励冒险	害怕未知的风险
敢于创新	保持现状
学生开放性思维能力强	学生期待标准答案
不同的东西是有趣的	不同的东西是危险的

5. 长期导向和短期导向

长期导向和短期导向是指一个社会中人们对于当前和未来以及对于过去的重视程度。长期导向型社会的人们目光较为长远，比较关注未来的发展，因此常常强调节俭和储蓄，通常有着坚持不懈的品质。短期导向型社会的人们则把目光集中于当下的事情，看重利益，强调尊重传统和履行社会义务。由于该理论所体现的许多价值观与儒家思想高度契合，因此又称为“儒家动力”。Hofstede 认为长期导向型国家主要是亚洲新兴的工业化国家，同时也是“儒家文化圈”国家。通过表 1-5 能更清晰地发现长期导向和短期导向国家的不同。

表 1-5　长期导向与短期导向的特征

长期导向型	短期导向型
持久努力以期长远回报	付出努力后希望迅速见成效
以集体利益为重	以个人利益为重
善于拟定长期计划	倾向于短期或中期计划
注重节约资源	倾向于消费
休闲时间不重要	休闲时间很重要

6. 自身放纵与约束

自身放纵与约束是指一个社会中人们对基本需求和享受生活的欲望的允许程度。放纵型社会允许相对自由地享受生活和娱乐，人们可以随心所欲地进行消费和休闲。相反，约束型社会则通常用严格的社会规范限制和约束用于满足欲望的行为，人们享受休闲活动的放纵行为在一定程度上被认为是错误的。调查显示，自身放纵与约束指数较高的国家通常对未来有着更加乐观的态度。在放纵型社会中外向型性格的人居多，焦虑现象较少。可以通过表 1-6 来表示自身放纵与约束的指数的特征。

表 1-6 自身放纵与约束的指数的特征

放纵型社会	约束型社会
认为生活掌握在自己手中	常常感觉身不由己
休闲交友很重要	休闲交友不重要
松散的社会	紧密的社会
性格外向活泼	容易产生焦虑
重视言论自由	不看重言论是否自由

（二）Hall 的高低语境理论

1. 语境概述

（1）语境的概念

语境在语言学领域中非常重要，它对语言的研究和语言的应用颇有价值，但由于语境的复杂性以及研究角度，研究层面的差异，对语境的定义未能统一一致，仍在不断完善发展。近年来具有标志性的语境定义是学者王建华提出的“语境是语用交际系统中的三大要素之一，它是与具体的语用行为密切联系的、同语用过程相始终的、对语用活动有重要影响的条件和背景；它是诸多因素构成的、相对独立的客观存在，又同语用主体和话语实体互相渗透；它既是确定的，又是动态的，以语境场的方式在语用活动中发挥作用”。

（2）语境分类

马林诺夫斯基（Malinowski）在进行调查研究的过程中，认为对于目标语的理解，不能仅仅理解话语意义还要结合当时的情景，话语双方的处境以及相关文化背景。他将语境分为情景语境和文化语境。成利军表明“马氏将语境理论应用到人类学研究和翻译研究中，并构建了初步的语境理论，他因此被称为现代语境论的鼻祖”。弗斯（Filth）深入细化了马氏的语境研究，将语境分为两类，即上下文语境和情景语境。这样的分类既考虑了对语言内部进行解释的意义也考虑了语言外部的影响因素。他丰富了情景语境的内涵，提出了语境的选择对语言形式、意义和功能的重要影响。韩礼德（Halliday）进一步发展了语境理论，从实用性的角度他将语境划分为语言语境和非语言语境。语言语境包含篇内语境和篇际语境，非语言语境包含情景语境和文化语境。韩礼德细致分析构成情景语境的因素后提出了“语域”，认为情景语境与词汇和语法存在着一些关联。对话双方根据当时的场景，氛围来选择不同的合适的词汇或语法形式表达自己的意思。

由此可见，对语言意义的理解离不开语境以及语境对语义有重要的影响作用。国内学者胡壮麟提出“现今对语境分析的方法呈现多元化趋势”。他对语境的分类大体概括为三种，主要反映语篇上下文的语言语境，文本产生时的周围环境即情景语境；对话双方共有的文化背景，习俗和常识知识等即文化语境。语境的分类越来越完善了，本研究将在以前研究的基础上，依照胡壮麟先生对语境的分类并结合实际教学进行基于语境理论的外语教学。

（3）语境功能

学者王希杰认为语境有六个功能。第一，匹配功能是指语言环境和语言形式相符合。第二，定位功能是指特定语言环境下使用的明确的不造成歧义的语言形式。第三，定向功能类似于制约功能，王希杰表明“特定的语言环境可以将语言世界与客观的物理世界联系起来，从而使话语获得某种谓语特定的语言环境能够把语言世界同客观的物理世界联系起来，使得话语取得某种述谓性”。在交际活动中，抽象的话语和语言形式因在情境中和话语双方的交流中具有了现实意义和特定感情。第四，填补功能是指语境能补充未表达完整的话语的意义。在语境下，才能理解所表达的意义。第五，生成功能是指结合语境，词句话语能够产生新的意义，双方都能意会。第六，预测功能是在语境中交际的双方能够推测之后的话语内容和意义，使得交际活动顺利进行。

学者陈治安、文旭提出语境的功能可以概括为两大基本功能：制约功能和解释功能。制约功能是指语境对语言表达的制约。不同的语境下，要选择不同的语言形式进行交流才能正确清楚的表达意义达到效果。陈治安、文旭表明“解释功能是指语境对于言语活动中的某些语言现象的解释和说明能力。它可以语音、句法、语义、语用、修辞等方面对语言现象进行解释”。

2. 高、低语境文化的概念的提出

美国文化人类学家爱德华·T·霍尔（Edward·T·Hall）在年出版的《超越文化》一书中，提出文化是具有语境性的，他对语境的界定是：包蕴在事件以外的信息，而这些信息与事件又有着不可分割的复杂联系。因而他认为语境文化就像一道天然的屏障，分隔了事件和事件以外的信息。在特定条件下，语境文化可以指出人们在事件内所注意到某些东西，但同时也指出了人们忽略了一些东西。把这些被注意的部分及被忽略的部分进行归纳和总结后，霍尔将语境划分为“高语境”和“低语境”两种类型，在这两种类型下，人们所注意和忽略的东西是不同的。

3. 高、低语境文化的概念

霍尔曾在《超越文化》中提出了文化是具有语境性的。而各地因历史形成和发展等各种不同的原因，均有各自不同的文化背景，那么在此不同文化背景下，其所表现的语境性也是完全不同的。

于是，霍尔将文化语境分为高语境文化和低语境文化两类，他认为，任何事件都是可以用高、低语境文化的特征来解释的。所谓的“高语境文化”指的是处在此文化中的人们，在交际过程中，将大部分其想要表达的信息包含于个人或者环境之中，而只有小部分想要表达的内容直接包含于这个信息传递的文本中。这大部分信息可能通过人物背景，时间空间背景等因素来含蓄得表达。从传播学的角度来说，即高语境事物在传播时，其大部分信息已经预先编排在了接收者身上或环境之中，而只有极少数信息储存于传播的信息之中。也就是说高语境文化中信息的传播十分依赖传播的语境，大部分信息都在语境之中，不用再详细得去表达说明了。例如，中国的许多古语古训，都是高语境的模式。

“低语境文化”则正好与之相反，它指的是在低语境文化中的人们，在交际过程中会将大部分想要表达的信息直接包含于信息传递的文本之中，尽可能通过文本信息完整地表达自己的意思，而极少将信息隐含于传递信息的环境之中。从传播学的角度来说，低语境事物在传播时，其大部分信息都存储于传递的信息之中，只有很少一部分存在于接收者身上或环境之中。也就是说低语境文化中信息的传播对语境的依赖较小，大部分信息都在传播语言之中，需要明确详细地去表达。例如，我们平时买电子产品的说明书就是低语境的模式。

相对于低语境文化，高语境文化因其历史和传统文化的原因，发展得较为缓慢，变化也较小。中国、日本、韩国、拉丁美洲均属于高语境文化国家；美国、德国、丹麦、加拿大等国家则属于低语境文化国家。

高、低语境文化并不是绝对的，而是相对的。随着时代的发展，人们的生活水平不断提高，国际间的交流也在不断加深，各国文化间的互相学习融合也在不断推动者高低语境文化的融合，但这种融合中更多的是高语境向低语境转化。有一些国家同时具有高低两种语境的特点，如法国、英国、意大利等。这些国家在18世纪中期，经过一系列的文化思潮而逐渐形成了高、低语境文化的融合。

第二节 外语教学的影响因素

一、情感因素

（一）情感及其功能

说到情感，我们的第一反应可能是人们日常生活中的喜、怒、哀、乐、惧等在外界刺激下所表现出来的心理反应。作为人类精神世界最关键的构成部分，情感是自内而外引发的最平常的亲身经历，却对外表现出引导个人活动的复杂性。通俗来讲，人类通过认识世界、改造世界，与周边事物产生各种各样的联系，进而产生带有一定主观色彩的态度体验，这反映到心理层面就是情感。情感是个人对于客观事物需求的反映，对客观事物的需求情况不同，就能表现出不同的情绪状态。而情感一旦形成就会对人们的实践活动产生重要的影响，因此千百年来，人们从文学、哲学、心理学等不同领域探索、研究它。而教育研究界认为，情感是不应该被忽略的一个教育层面。教学作为一种具有极强特殊性的交流活动，包括理论与情感这两种主要内容在师生之间交流。理论信息的交互是基础，并伴随着师生之间情感信息的相互领悟与交流。少了情感注入就难有好的教育，因此，进行外语教学的时候，对情感本身所具有的功能进行了解十分必要。

第一，动力功能。情感的动力功能就是指情感能够推动或者抑制一个人的行动过程。一个人对一事物在不同情况下往往会出现不同的情绪状态，表现出不同的行为方式。当一个人情绪高涨时，不论遇到何种困境，他都能全力拼搏，战胜困难，实现自己的既定目标。但当一个人情绪低落时，他会干劲儿全无，遇到一点小小的困难也不愿付出努力去改变，难以战胜困难，去实现自己的理想与目标。学生情感状态不稳定，如何将低落的情绪状态转变成为高昂的情绪状态来战胜挫折，推动日常学习与生活顺利开展，是教师在教育教学中应该着重注意的问题之一。

第二，感染功能。情感的感染就是指一个人的情感会对与之有关的其他个体的情感产生一定影响的功能。这种功能表现为两个方面：首先，一个人的某种情感会使其相关人员产生与之相同或相似的情感，这是共情。比如，在阅兵式上人民子弟兵昂首阔步地走过天安门广场时，展现出来热烈的爱国情怀，也会感染到在观礼现场的中国人，使其产生共鸣，表现出激昂的爱国之情。其次，情感的感染功能表现为移情。当观察者对他人正在知觉或即将知觉的情绪产生体验，就会使观察者产生相应的情绪反应。这就好比我们常常会因为亲人朋友的快乐而欢呼雀跃，会因为他们的伤怀而痛苦不堪，也会因为他们遭遇的不公而愤怒不已。学生的情感世界是丰富而多彩的，如何运用情感的感染功能，让他们在日常生活中多体验正向情感，从而产生积极的情绪体验，为学习生活注入动力，实现教育目标，是教师在教育教学中应重点考虑的问题。

第三，调节功能。调节功能就是情感能够影响到一个人的认知操作过程，可能帮助其组织构建又或者是带来瓦解的消极影响。具体来说，一个人恰当的情感能够有效组织自身的认知操作过程，而个人的认知操作被瓦解就与其不适当的情感有着密切关系。通俗来讲，当一个人心情愉悦时，更容易打开自己的知觉神经，接受外部的信息；而当人处于忧郁或苦闷的心境时，就会关闭接受外部信息的通道，使知觉的过程受阻。在日常学习生活中，学生的情感世界有太多不确定因素，容易影响学生学习目标的实现。这就要求教师要注意良好教学环境的把握，用适当的、积极健康的情感去陶冶学生，使学生形成优良的情感世界，助力学习目标的实现和相应能力的提高。

（二）影响外语教学的情感因素

情感因素是指个体对相关行为情绪和感受其发展变化涉及的性格因素以及对人对己的感受。影响学习的情感因素包括性格、动机、态度、兴趣、焦虑程度等。

1. 学习动机

动机（Motivation）是指推动个体从事某些行为的内在动因，具体到学习上即推动学习者学习的内部动因。在语言学习领域中，外语习得动机有不同的分类，以下主要介绍几种在外语习得领域中影响较大的动机。根据学习目的，Gardner 和 Lambert 将动机分为工具型动机（Instrumental motivation）和融入型（Integrative motivation）动机，这种分类被广泛研究者接受并用来区分学习者的语言习得动机。

工具型动机是指学习者因具体某种目的而进行的学习，如国外来华留学生考取 HSK（汉语水平考试），有的是为了进入某一专业领域的学习、有的为了申请奖学金、有的为了今后能在中国做生意或者就业，这样的学习动机可视为工具型学习动机。融入型动机是指学习者希望能融入目的语团体中、对该目的语感兴趣或目的语国家文化感兴趣而进行的学习，如有的留学生在中国学习汉语是因为喜欢中文、希望有更多机会接触中国文化、能用目的语和中国人进行沟通以更好地融入目标语社团的文化中。有的研究者和教学者提出工具型动机对学习效果更有效，尤其是在语言学习的起始阶段，有的认为融入型动机更有助于学习者取得成功，目前，到底何种动机更有利于学习者的语言习得者仍处于深化研究中。

无论是哪一种学习动机都能促进学习者取得进步，都对学习者产生重要影响，只是二者所起的作用不同，从长远角度看，融入型学习动机更有利于学习者成功。心理学家爱德华 · L · 德西（Edward L. Deci）所做的实验说明了融入型动机的重要性，该实验的结果被称为“德西效应”，实验中，他安排学生解答一些智力题。第一阶段，全部学生解题后都无奖励；第二阶段，实验组的学生解答完一道题后，就得到 1 美元奖励，无奖励组仍然和原来一样在解题；第三阶段，研究者在学生休息期间观察有没有学生还在解题以便了解学生的兴趣，研究者发现，无奖励组愿意花更多时间去解题。从“德西效应”中看出如果学习者的动机是源于对事物本身感兴趣，即使无外部诱因，学习者也能保持对学习的热情，这种学习会更持久，长此以往，这种学习最终会使学习者取得成功，而对这样的学习者，在教学过程中不应再强化对他们的奖励，否则会产生适得其反的效果。但是工具型动机对学习者来说也起着重要的作用，有的学习者融入型动机不强，对所学语言及文化等都不感兴趣，但学习者意识到学习该语言对今后的职业有重要作用，那学习者此时持有的工具型动机就会起着重要的推动作用，激励学习者实现这一具体的目标，这种动机的重要性不低于融入型动机的重要性。此外，工具型动机虽是一种短期的目标，但却与长期的成功有着密切联系。从短期来看，工具型动机在很大程度上激起学习者的潜在学习能力，使学习者短期内取得显著的进步，这样便能增加他们的自信心，从而在一定程度能使学习者产生学习兴趣，因为学习者要在短期内达到某个具体的目标。

例如，通过参加期末考试、HSK 考试等，会使他们不遗余力地学习，从而发挥他们的最大潜力，能在短期取得明显的进步，但当这项考试结束后，有的学习者可能会放弃学习该科目，此时，如果有适当的引导和鼓励或者学习者在学习时慢慢地喜欢所学的语言和文化等，学习者的这种工具型动机便会转化为融入型动机从而使这种潜能长期发挥下去，最终使学习者以更加轻松愉快的状态学习。

根据动机的来源划分，可分为内部和外部动机，内部动机是学习者自身就喜欢学习，学习成为他们的兴趣，即使没有外部原因他们也愿意学习，对学习者来说这种学习本身具有驱动力。外部动机是学习者的学习目的由外部因素引起，这种因素可能是奖惩手段，如部分学习者的家长会告诉他们如果考试考得好就会奖励他们，而如果考不好就会惩罚他们，学习者会将这种奖励或避免惩罚作为他们学习的动力，当目标实现时，若没有积极的引导，学习者的学习动机可能会下降，或者放弃学习，上所述提到的"德西效应"也从另一角度说明外部动机和内部动机的影响。内部动机与外部动机同样在一定的程度上能强化学习者学习效果，只是从长远角度看，内部动机更有利于学习者最终的成功，相关的研究表明，大部分的教育重视从外部动机培养学习者学习态度，而忽视培养学习者对学习知识的本身渴望与兴趣的内部动机培养。在语言学习中，任何一种动机都很重要，并无优劣之分，只是在学习中所起的作用存在差异。

2. *学习态度*

态度（Attitude）是指个体对某事物褒贬好恶的评价。态度有积极、一般和消极之分，态度通常和动机联系在一起，相关研究表明，动机和态度成为影响语言学习者成效的重要因素，如果学习者的动机明确，则通常会以积极态度实现目标，如果学习者缺乏动机，就会以消极的态度进行学习。因此，态度同样会影响学习者学习效果，积极的学习态度对学习带来益处，消极的学习态度则会不益于学习，学习者拥有积极的学习态度是取得成功的前提。

20 世纪 80 年代，克拉申（Krashen）提出"学习者的情感和态度决定学习的质量"。斯特恩（Stern）将外语学习态度分为三种，对目的语社团和说本族语者的态度、对学习该语言的态度、对语言和学习语言的一般态度。若学习者有明确的学习目标、对所学语言感兴趣、对目标语文化和目的语团体感兴趣，他会持有积极的学习态度。如果学习者对所学的语言不感兴趣，把语言学习看作是一种负担，这种情况下，学习者就不易产生积极的语言学习态度。语言学习态度不是固定的，可能会随时间的增加和环境的改变发生改变，如学习者在刚开始接触一门语言的时候，对这门语言并无太多的了解，这时，他们的态度并未出现太多的差异，随着时间和环境的变化，由于内部因素或者外部因素的原因，学习者之间的态度开始发生转变，有的可能会产生积极的态度，有的可能产生消极的态度，最终造成学习者的学习效果的差异。造成这种学习态度出现差异的原因除和学习内容难易度相关以外，还和教学者的教学相关。一方面，随着学习内容难度性的增加，学习者也许会产生畏难情绪，在短期内没有看到学习效果，学习者的自信心可能会降低，如果不能及时地调整心态，便会产生消极的学习态度最终影响学习。另一方面，在进行教学时，如果教学者只是为了完成教学任务，并没有对学习者的情感状态加以关注，没有及时根据学习者的情感状态调整教学以及与学习者进行沟通，以致师生间的关系处于一个紧张状态，长期下去，学习者就会逐渐失去对学习该语言的兴趣及学习动力，影响学习者积极的学习态度和效果。当学习者之间的差异显著时，如果没有及时地进行积极的引导，最终会导致学习者放弃该语言的学习。因此，学习态度对学习者的语言学习有着重要作用与意义，但教学者的动机及态度同样会影响着学习者的学习效果。

3. 语言焦虑

心理学上的焦虑（Anxiety）指个体在担忧自己不能达到目标或不能克服障碍而感到自尊心受到持续威胁下形成的一种紧张不安、带有惧怕色彩的情绪状态。从语言学习的角度上来说，焦虑是学习者学习时担心犯错而产生焦急的情绪。1940 年的教育心理学开始对语言焦虑进行研究，但 1970 年后才有更多关于语言焦虑的研究。大部分的研究提出语言焦虑是影响学习者学习效果的最主要的情感因素，因而，目前关于语言焦虑的研究也受到越来越多研究者的关注，大部分的研究表明最佳的学习环境应是在语言焦虑低的情境中进行。

心理学将焦虑分为三类：特质焦虑（trait anxiety）、状态焦虑（state anxiety）、特殊情景焦虑（situation-specific anxiety）。特质焦虑是一种较为持久的焦虑，持有这种焦虑的学习者在很多情景下具有焦虑情绪，状态焦虑是学习者在某一特定的情景下而具有的焦虑情绪，如在课堂上回答问题，特殊情景焦虑是一种持久长时间的焦虑，学习者在每次特定情景下都会产生焦虑，如教师每次让学习者在课堂上发言时，学习者都会感到焦虑。

在外语教学中，语言焦虑主要分为三类：课堂焦虑，交际焦虑，测试焦虑。

课堂焦虑主要体现在以下两类情形。第一类，在课堂上，有的学习者害怕回答问题及发言，因为他们怕答案错误或表现不佳引起其他同学和老师的嘲笑，担心自己的回答不被认可，希望表现好而产生焦虑。第二类，在课堂上回答问题时即使有部分同学知道答案也害怕回答，因为他们不能确定自己的答案是否完全正确，有的学习者会在回答时连原本知道的答案也因为焦虑而回答错误。

交际焦虑指学习者在交际场合中产生的焦虑，他们会担心不能很好地用目标语表达其自身的观点或者担心自身的表达会令人产生误解或引起对方的嘲笑而形成的焦虑。例如，在课堂讨论和日常交流中，有的学习者害怕用目的语交际，其中一个原因就是不善于用目的语表达自己的观点和意见，害怕在表达中犯错而引起他人对自己产生误会，进而给自身的形象带来负面影响，从这一方面也可反映出学习者在用目的语交际时的一种不自信的表现。

测试焦虑是最常见的焦虑，几乎存在于每个学习者间，测试焦虑是学习者在测试前害怕测试的结果未达到相应的标准所产生的焦虑，近年来对于语言测试焦虑的关注也越来越多，已有学者专门从事研究语言测试焦虑，也出版了一些关于语言测试焦虑的专著。学习者的焦虑很大程度上将影响测试结果，尤其在听力测试和口语测试中的影响最大，如果测试者焦虑过高，在听力和口语测试学习者不能集中注意力，这样会影响语言在大脑中的加工转换，从而影响语言的输出，但在阅读和写作中的焦虑程度对测试结果影响相对要小一些。具有严重测试焦虑的学习者甚至在测试前或测试中产生身体不适，因而，测试焦虑带来的影响应受到重视，尤其是在大型的考试中。

外部与内部原因可作为学习者产生焦虑的原因。外部原因包括：教学者的教学方法、提问方法和课堂氛围与环境等。例如，有的教师课堂上通过提问的方式检查学习者是否掌握学习内容，这种方法会使部分学习者产生焦虑，还有教学者课堂上提问敏感性的问题，教室的环境过于压抑等也会使学习者产生焦虑。内部原因包括：学习者的性格特征、对自身的评价、生活及学习背景。例如，内向型学习者相对于外向型学习者而言会产生更多的焦虑，还有的学习者对自身的评价低，这些内部原因都会让学习者处于焦虑的状态中。此外，另一原因也会使学习者在学习中产生焦虑，从而影响学习效果。学习者追求完美主义，希望能在学习中不犯错误，对语言错误持零容忍的态度，这时，学习者会担心自己未能实现预期的效果而产生焦虑，如果这种焦虑适当，则会促进学习者不断地努力，达到目标；如果这种焦虑过高反之会对学习者的心理健康产生负面的影响，会降低学习效率。

从焦虑的影响来看，焦虑并不是都具有消极影响，其影响体现在两种，一种为促进型焦虑，另一种为阻碍型焦虑。适度的焦虑会促进学习，促进型焦虑主要体现在以下几个方面：当有的学习者发现自己的外语水平不如其他学习者时，会产生一定的焦虑，这时这种焦虑可能会作为一种驱动器，促使他们努力学习以缩小这种差距。在课堂中，有的学习者会担忧自己的课堂表现达不到自己的要求，从而影响老师及同学对自己的评价不好而产生焦虑，此时，这种焦

虑会使学习者课前会花更多的时间预习，在交际中，他们会在表达前经过深思熟虑后再进行表达。对于追求完美主义的学习者来说，适度的焦虑会使他们不断地改善自己的不足，最终发挥自身的最佳水平。在测试中，这种促进型焦虑体现在测试者会在测试前对测试结果进行预测，会担心测试结果和所期待的不一样，这时学习者会更认真地复习以避免测试结果的不如意。焦虑程度过高或过低都无益于学习，焦虑过高，使学习者产生较大的心理压力，影响学习者学习效果；焦虑过低则会降低学习者学习积极性以及良好的学习态度。

虽然焦虑有促进型和阻碍型，但从大多数的教学和生活的案例中看出，阻碍型焦虑占的比例较大，因为学习者很难将焦虑的程度控制在一个适当的范围内，一旦超过度，就会形成阻碍型焦虑。另一方面，“焦虑”这一词在多数情况下让人形成的是负面情绪，很少有学习者意识到焦虑的优点，所以，当焦虑产生时，很少有学习者能将它向促进型焦虑转换，最终使得焦虑给学习者带来的负面影响较大。因此教学中，应在焦虑低的环境中进行，教师为学习者创建低焦虑的课堂氛围，引导学习者树立正确对待焦虑的观点，焦虑产生时，调整焦虑带来的负面影响。

4. 自信心

学习中的自信心是指学习者是否相信自己能完成某一学习目标。Brown 提出自信心等因素会直接影响学习效率。克拉申提出自信心弱对学习者二语习得具有负面的影响。研究表明教材的难易程度、实用性、趣味性及学习环境等都会影响学习者的自信心。大多数教师通常认为学习者的自信心与外语水平成正比关系，自信心强的学习者交际能力较好，因为他们较少怕犯错误并会尽可能地找机会练习口语能力，从而能更快地提高外语水平，这一观点通过卡莱门（Clement）、奈尔（Noel）、多雷（Domyei）的实验得到证实，该实验通过调查，发现自信心强的学习者更愿意与目标社团的人交流，交流越多，他们的自信心就越强，从而在课堂上的表现就越好。反之，缺乏自信心的学习者通常不愿交流，在课堂上他们害怕回答问题，害怕眼神交流、不喜欢表现自己、认为自己不能完成某项学习任务、认为自己的学习水平不如其他的学习者等。学习者自信心的强弱会影响其他的情感因素，从而影响学习者的学习效果，其中，最主要的有焦虑与性格，自信心低的学习者更容易产生焦虑，最终对学习者的语言能力的输入和输出产生直接影响。另一方面，在朱葵的实证研究中发现自信心较低的学习者，通常是较为内向的学习者，因此，在教学中应通过不同的方法提高学习者的自信心。

5. 性格

性格（Personality）是由一系列个人特性集合而成的个体性格。瑞士心理学家荣格（Carl Jnug）基于人们不同的心理活动倾向性将性格分为两种，即外向型与内向型性格，性格外向的人一般体现为关注外部世界，通常交际能力较好、活泼开朗等，基于他们性格上的这些优势，他们通常在语言学习中不怕犯错误，更多地关注语言表达，在口语上的进步相对于内向学习者来说较快一些。性格内向的人喜欢关注内心世界，在行动起前会考虑得更多，通常不喜欢交际、较沉默、喜欢独自思考等，这种性格的学习者通常更多的关注语言形式。大多数人认为外向型学习者在学校表现得更好，因为他们更愿意交流，敢于在课堂上表现，相关研究曾假设外向型学习者能在语言学习方面取得成功，有研究证明外向型学习者更具有创造力和想象力等，这些优势有利于语言学习，但迄今为止未有研究证明哪一种性格的学习者更适合学习外语，更能在语言学习上取得成功，相关研究仍不断发展。

性格对语言学习的影响重要影响体现在口语表达中。外向型学习者善于听力与口语学习，内向型学习者善于阅读和语法知识的掌握，原因在于外向型学习者性格活泼、喜欢表现，在表达中能勇敢自信地表达他们的观点，不怕犯错误。他们爱交际、更容易融入目标语社团中进行交际，当目标语的输入增加到一定程度时，自然而然能产生语言的输出，而听力和口语往往紧密联系，一般口语能力强的学习者听力水平较高，反之亦然。

因此，在长期知识积累的情况下，他们的外语口语能力和听力水平会提升得较快。对性格内向的学习者来说，他们在不善于也不太愿意表达自己的想法和感受，较羞涩也较少寻找机会交流，即使在交际中，他们可能更多倾向于观察与倾听而不是主动交流，因此在口语表达中，大部分内向者的表现较外向者的而言较差，尤其是在一些重要的场合和考试中，这种表现尤为突出。虽然外向者更容易在口语中取得成功，他们表现得更好，但有的内向型学习者的口语能力并不一定比外向型学习者的低，因为在口语中，性格内向的学习者更可能容易紧张及焦虑，从而影响他们的思考和表达，这种焦虑的情感状态与内向者的口语能力关系较少，和他们的口语表现相关。此外，内向型学习者不容易受到他人的关注，他们缺少交流的机会，因此不能在口语表达中更好地表现自己，他们在学习中也比较羞涩，从羞涩心理学上来讲，这种羞涩的心理是对自我形象的关心和对自我形象遭破坏的担心下形成的心理。

性格与语言习得发展之间的联系较为复杂，学习者不同的性格会影响学习者的学习方式，使学习者的学习效果产生差异性。性格的差异对语言学习并无积极和消极的影响，对于不同性格在二语习得中的作用仍需要研究者通过相关研究来丰富已有的研究成果。

二、年龄因素

经济全球化趋势盛行，掌握外语成为青少年未来发展的优势，但影响外语教学的因素较多，年龄差异是极为重要的一个。目前，社会认为青少年学习能力高于成人，因而期望低龄学生把握这一关键时期，加快学习进度。但是，不同年龄段如何对语言学习产生影响，需要更深入地进行研究，从而优化现有外语教学方案。

（一）年龄影响外语学习的原因

年龄对学习能力产生影响是客观事实，但根本原因需要进一步探究，在此主要从生理、社会以及认知三个角度展开分析。

1. 生理原因

根据国外学者研究，人的一生中存在某个特殊时期，人在该时期内具有极强的语言学习能力，该时期结束后外语习得能力快速下滑。经过大量案例研究，初步认为十岁左右学生具有极强的可塑性大脑，而对于成年人而言，仅有小部分语言能力处于较高水平的成年人才能真正掌握一门外语。

2. 社会原因

社会压力是目前普遍存在的现象，但相较于成年人，学生感受社会压力的程度较弱，自我认识并未培养全面，因此能够更为关注地吸收外部知识，成年人则更容易被外部因素所影响，导致无法专心学习。此外，学生的情感屏障较低，不至于过于在乎他人的看法，敢于发声，所以，可以进一步提高学习效率。

3. 认知原因

成年人具有高度自觉性，会将外语作为极为正规的系统体系，以正面、严肃的心理状态学习外语，而降低学习效率。学生则相反，语言仅仅作为表达思想的渠道，学生的眼中更关注语言之间的相同点和差异性，虽然缺少灵活思考能力，但恰好是潜意识学习语言的必要条件，内心未将其作为任务或者工作，秉持开放、随意的态度，提高学习效率。

（二）年龄影响外语学习的结论和启示

根据上述年龄差异对外语习得能力的影响可知，不同年龄层的学习群体应采用个性化学习方法，这便要求教师采取不同的教学策略，以期达到高效率的教学效果。

1. 学生在听说方面略显优势

学生具有高度可塑性的大脑皮层，能够较快掌握外语，但该阶段极有可能在大脑皮层中留下足迹，进而刺激大脑神经，语言能力逐渐演化成习惯。同时，学生好奇心浓厚，模仿能力强，愿意接纳外部信息，愿意大声演练英语，因此更为专业，听力和口语都提高较快。为此，教师应正确认识这一优势，把握学生隐性学习的习惯，输入大量的外语，尤其在听、说两个模块，要尽可能将课堂打造成外语环境。同时，通过互联网搜索教材以外的阅读材料以及听力材料，确保学生在课后依然处于外语环境中，课后作业以观看外语电影、听外语歌曲为主，调动学生的学习兴趣。此外，不定期举办外语交流会，邀请家长、学生以及外部专业人士共同交流，真正感受外语的魅力。

2. 年长学生优于年幼学生

学生相较成年人学习能力更强，但高龄学生却比低龄学生的学习能力更强。高龄学生更善于借助母语的学习技能掌握外语，且高龄学生交际范围更广，语言利用率更高，等同于练习时间更久且处于外语环境的时间更长。

此外，高龄学生较低龄学生面对的外界歧视更小，交流者会更加尊重高龄学生，不会把他们看作儿童而要求过低，也不会把他们当作成人看待而要求过高。需要注意的是，若幼儿阶段开始学习外语，则需要理解该阶段学生的理解能力存在不足，不可揠苗助长，加重幼儿负担，反而对提升外语能力造成反作用，而且一旦母语和外语长时间混用，对各自语言的理解容易造成偏差，对智力发展是不利的。尤其针对中小学阶段，教师更应合理区分年级，根据教材内容进行适当优化，不再统一化教学，应采用个性化教学策略。例如，低年级采用多媒体教学，高年级采用话剧练习等，满足不同年龄层学生的能力发展需求，避免抑制学生的学习兴趣。

3. 改善不同地区的教学设施质量

目前，国内多数地区依然处于外语师资力量薄弱的问题，且教学配套不达标，导致学生外语教学质量难以提升。该情况理应通过互联网进行师资共享，教育部门优化教学课时和授课时间，尽可能满足劣势地区的需求，借助视频等形式实现多校联合授课的形式，充分利用人力、物力、财力，实现资源最大化利用。

4. 完善监督工作

成人与学生最大的差异在于认知、自觉性，因成人经历丰富且认知清晰，学习阶段更容易产生主动性，无须教师或者旁人相助。而学生学习外语更倾向于兴趣，但这是一种不稳定的因素，为此，教师理应持续监督每位学生的学习状况。

三、教学手段

（一）信息技术

1. 信息技术在外语教学中的作用

（1）信息技术的应用改变了传统的教学模式

近年来，随着科学技术的不断进步与发展，使得相关的教学领域中的教学方法和模式得到了不断的改进与完善，将一些较为传统的教学模式进行了改进，使得教师逐步认识到信息技术的好处。进而在日常教学中，可以最大化地借助信息技术来扩展教学的资源，在上课时可以展示多种相关的内容，吸引学生的兴趣，进而来优化教学的环境，使得学生主动积极地参与到教学过程中，最终促进自身的发展。

（2）激发学生学习兴趣，更好地提高教学效率与教学质量

在日常的教学中，教师可以通过对信息技术的使用来增加在教学中的方式，可以对多个单词来进行朗读和跟读，进而使得学生可以掌握具体的读法，而且也可以开展演讲比赛，通过对某一段文字的理解来进行比赛，进而激发学生的参与力度，进而来锻炼学生自身口语能力，调动积极性，进而将多种多样的学习方法来展示给学生，调动学生各个方面的积极性，进而提高了在教学中的教学效率和教学的质量，进而提高学生自身的能力。

（3）成为教学实施的重要辅助手段

在高校中，信息技术具有便捷和高效的特点，进而使得该技术逐步成为了教学中的重要方法。一般体现在教师可以借助计算机网络来进行教学，借助一些软件等来展开多方面的教学，而且学生也可以借助计算机来收集相对应的资料和信息，方便老师将一些参考的资料借助邮件的形式来下发给学生。再者，在日常的教学中，运用多媒体课件来进行教学，还也可以将备课的多媒体课件

发送到对应的学生群聊中，便于学生进行后续的学习与思考，实现学生的自学能力。

（4）信息技术的应用为学生实践学习提供了虚拟的环境

在学习外语的过程中，学生不仅是要学会对应的知识和技能，更重要的是可以进行简单的日常对话与练习，进而将自己学到的知识进行使用，这样才能够保证学生掌握了自己学到的知识。而借助信息技术，可以帮助学生模拟对应的学习锻炼环境，使得学生可以充分地利用自己学到的知识来进行练习，展示自己的想法、要求等，在具体实践的过程中，可以培养学生自己学习、解决问题的能力等，进一步强化学生自身的能力。

2. 加大信息技术在外语教学中的应用程度

（1）创设丰富多彩的外语教学环境

部分学生自身的学习能力较差，关于外语方面的基础性较为薄弱，因而在学习外语过程中，对外语存在排斥态度。因而，教师就可创设出一些丰富多彩的外语教学环境，进而通过良好的学习环境来缓解学生对英语的排斥态度和心态，使得学生与英语之间的亲密度增加。其中，在创设教学环境中，教师可以借助一些多媒体等设备来进一步增加在教学环境中的参与性，在教学中投放一些图片、视频、游戏的描述等其他形式的教学内容，进而通过这些方法来增加学生对英语的趣味性，使得学生主动、积极地参与英语的学习过程中，同时进一步掌握对应的外语知识和内容，提高自身的能力。

（2）加大对外语教学课程过程中的优化力度

当前的高校中，教师所采取的教学方法还是属于传统的教育教学方法，教师仅仅是注重在英语语言中的分析，而不是传授如何掌握具体的学习能力等，进而导致学生学到的知识与实际中的应用不融合，从而严重地影响了学生的发展。因而，就需要对教学模式进行改进与完善。其中，可以借助信息技术来进行改进与完善。教师可以根据教学的进度来设计出对应的教学内容，在备课的过程中，加大对信息技术和设备的应用力度，可以在备课中加入一些听说读写四个方面的练习、一些关于教授内容的趣味视频以及图片等，进一步增加教学的模式，丰富教学过程中的方法，使得学生可以对英语产生兴趣，进而来提高教学的效率。在此过程中，教师可根据学生具体水平来设置对应教学实践活动。同时，借助信息技术来将教师的多媒体课件直接进行观看，提前录制对应的预习内容来便于学生观看，减少了在上课中的一些时间，进而来提高在教学中的效率，实现对教学过程的优化。

（3）培养学生的自学能力

在高校中，学生最大的任务就是要学习自学，培养自己的探索和自主学习的能力。而在高校中，借助信息技术可实现对学生自主学习和探索能力的培养目标。信息技术可以将所有的教学信息资源进行整合，进而学生可以根据自身的具体需求来展开对应的学习。通过老师发布的任务、上传的学习资源以及自己的学习任务来选择出适合的学习内容，独立设定自己的计划，并且在实现的过程中，按照自己制定出的内容来进行，可以进行调整和修改。在高校的外语教学中，教师可以加大对课外学习环境的重视力度，可以在课堂中向学生推荐一些可以提高学生英语能力的歌曲、电影和电视剧，其中一定是清晰易懂，从而可以帮助学生培养自己的学习氛围，培养语感。在此过程中，设定一些任务来让学生完成，可以是对电影的观后感、对对话的描述以及对电影中某一段内容的选词填空等，进一步帮助学生建立学习的目标，提高自身的注意力，积极主动地学习并且自主地完成任务。

（4）加大师生之间的互动力度

在任何课程的教学过程中，都是需要教师和学生之间的配合，只有是教师和学生进行了良好的配合之后，才可以使得教师所掌握对应外语知识传递到学生之中，进而提升学生的能力和专业技能与知识。其中，教师和学生可以通过对信息技术的应用来加大彼此之间的互动力度。外语是需要大量实践的一门语言课，因而就需要进行互动与学习。教师可以借助微课、翻转课堂以及提前备课等来进行教学过程，而学生可以通过对相关视频的观看来掌握对应的知识。之后，教师制定对应的教学任务。教学的内容以及重点知识，使得学生可以根据教师的备课内容来进行学习和交流，加深对外语知识的理解与认识。同时，在完成课程之后，教师借助 QQ 群聊等来发布的对应的学习任务和作业，以及对学生不理解的知识等进行解答，增进彼此之间的理解和互动。

（5）加大对信息化外语教学资源的应用力度

当前高校中，已经有对应的信息化的教学资源，但是没有充分地进行应用，因而就需要加大对信息化外语教学资源的应用力度。其中，最常使用的一种方法就是翻转课堂，发挥学生的主观能动性，借助信息技术来逐步引导学生进行自主的学习和探索，进而找出自己不足的地方进行完善。在外语的教学中，教师可以通过对某一节的内容进行改进，可以是在课前让学生观看对应的视频，而在上课中选择几名学生来进行模仿和表演，进而调动学生的积极性。再者，教师也可以在备课中，根据某一知识点来展开游戏法划分小组，看哪个小组可以得到的分数最高并进行奖励，进一步的提高学生的积极性。

（二）社交网络

网络的建立和发展使得不同的事件的交互变得更为高效，没有了空间的限制，人们可以用更短的时间完成更多的任务。与课堂学习给予的拘束感不同，社交网络更有利于激发学生学习的兴趣，它满足了学生自我表达、彼此交流和分享信息的心理需求，这都给学习者提供了增加学习兴趣、建立学习自信以及培养自我学习的可能性。

社交网络不仅是学习的工具，更是为学生学习提供了一个环境。根据詹姆斯·吉布森（James Jerome Gibson）的功能可供性理论，学习者作为活动主体与虚拟“环境”相互作用而对学习产生了影响。依托可供性理论，社交网络对传统教学的改变主要作用在外语学习个体、虚拟学习社区和教师三个方面。

1. 学习个体的主观性

社交网络对于学习个体的优势主要体现在学习个体获取教学资源的便捷性，解决问题及时高效性，学生自学能力的培养。通过与社交网络中资源信息的关联，外语个体学习者能更便捷地获取所需信息，大大提升了学生作为学习个体的主观能动性，提升学生学习积极性。

同时，与课堂面对面的教学方式不同，社交网络的独特属性赋予学生“中立性”，在一个新的学习环境之中，学生将更多的精力集中于自己的学习进度，减小课堂环境造成的压力。

2. 虚拟学习社区的形成

通过建立学生与学生、学生与教师、学生与其他学习者的关联，社交网络有助于建立以外语学习为中心的虚拟社区。学生学习过程中的共同疑问和难题更容易集中体现。这有利于教师发现、整理和归纳学生学习的困惑，及时避免类似问题的发生。另外，社交网络本身的社交性，即个人（或群体）与他人维系关系的总称，包括这些关系所采用的形式，使得围绕外语学习的交流更为及时和丰富。

一个活跃的外语学习社群，可以提供以下功能，如知识交流、问题反馈或讨论的集中汇总，经验交流和总结，以及纠正不足与提高等。学习环境与社交功能融合，将学习融入生活的每时每刻，而不限于每天单一的课堂任务是社交网络带来的特征之一。

3. 教师角色的转变

教师不再是知识的传递者，而是学习的引领者和陪伴者。学生不再单一依靠教师的教授来获取知识，他们的需求向获取系统有效的信息渠道转变，教师在其中充当着不可或缺的作用。

因此，社交网络向传统教学的逐渐渗透，对于学习个体、学生社区以及教师角色的转变都产生了重要的影响，它的优势可以概括成如下几个方面：①获取教学资源的便捷性；②沟通和解决问题的及时高效；③学习环境与社交功能融合；④学生的自学能力逐步提高。

（三）大数据

1. 大数据能优化外语学习过程

国内外研究表明个性化教学能最大程度发挥学生潜能、提高学生学习动力、维持良好的学习习惯，对提升学习效果具有积极的意义。个性化教学一直是我国外语教育领域的不懈追求，从教育部颁布的《大学英语课程教学要求（试行）》到《大学英语教学指南》都把确立多元教学目标、体现个性化教学理念、提供多种学习选择作为其核心观点和任务。但受制于传统教学模式的局限，个性化指导和评价机会有限，个性化教学效果不理想。信息技术新时代，教学模式以学生为中心，使其成为学习过程数据的生产者、使用者和受益者。通过学习过程大数据，可以完善个性化学习者档案、分析和预测个性化学习行为、进行以数据驱动的教学决策和个性化学习辅导；自适应学习系统能根据学生学习数据预测其性格特点和喜好，推送符合学生兴趣爱好和级别的学习材料，构建个性化的知识和能力体系。

例如，在慕课或精品资源公开课中，平台可以收集学生的所有学习数据，大数据与云计算的结合使教师可以通过对数据的分析掌握学生在教育资源库上的操作痕迹，如点击流（Clickstream），了解学生学习动态需求，了解不同学生的学习风格，提供不同的学习支持，进行及时、有针对性的干预和帮助。例如，姜强等基于AprioriAll算法，挖掘分析相同或相近学习偏好和知识水平的学习群体的轨迹，并以学习者特征与学习对象媒体类型、理解等级、难度级别的匹配计算为基础，生成精准化个性学习路径，为差异化教学提供新思路。陈长胜、孟祥增等以中国大学MOOC平台中7967名学习者的学习行为记录为对象研究了慕课学习者的时间分配，发现慕课学习者在线学习行为时间序列呈现非平稳特征，课程周期内学习者学习时间分配存在三段式节奏，学习者资源交互行为的时间分配存在显著差异，不同成绩等级的学习者群体资源交互行为与学习时间分配存在显著差异。因此提出了课程运行中及时关注“低访问频次低时间投入”和“高访问频次低时间投入”学习者的分类教学建议。

2. 大数据能深化对外语学习者特征的分析

根据第二语言习得理论，学生个体差异，如年龄、学习风格、动机、学习目标、元认知等会影响语言学习的成效。传统的教学研究只能利用获取的随机抽样数据，用统计手段进行推断，过程复杂，研究结果存在误差，影响后续教学干预的准确性。信息网络技术可以采集微观的学习过程数据，包括学生的基本信息（姓名、性别、年龄、专业等）、学习行为日志数据信息（如学生在哪段视频上停留了多少时间、阅读某篇文章花了多少时间、先后浏览顺序、作文写作经历了怎样的修改过程等细颗粒度的行为）、兴趣偏好信息（语言技能类、文化类、应试类等）、认知行为信息（视觉型、听觉型、冲动型、稳重型等）、学习结果信息（作业成绩、测试成绩、自评成绩、互评成绩等）；教学过程由以前不可量化到可量化。

例如，有学者以哈佛大学和麻省理工学院在 edX 平台上的课程学习数据为样本，从学习者类型、性别、学历、年龄、课程等五个维度对学习者学习行为进行差异性分析，其研究结果深化了对外语学习者特征的了解。赵慧琼等利用多元回归分析方法判定影响学生学习绩效的预警因素，在此基础上建构了干预模型，并将其应用于教学实践，对产生的学习数据进行二元 Logistic 回归分析，结果表明基于大数据的学习分析能及时发出预警信号并提供个性化干预对策，增强学习动机，培养学习者毅力。乔璐、江丰光选取“学堂在线”平台上参与慕课学习的 1068 名学习者进行研究，以视频观看比例、平时作业得分率、期末考试得分率、课程得分率四个变量来表征学习者的学习行为特征，并运用凝聚层次聚类分析、K-Means 聚类算法、相关性分析和逻辑回归分析处理课程数据，研究结果把学习者分成了积极学习者、一般学习者和单纯注册者三类，并讨论了四个变量在三类学习者群体之间存在的差异。

3. 大数据能精准反映教学要素之间的互动

互动是外语学习的普遍特征，也一直是国内外研究者和教师关注的热点。大数据时代，以社交媒体为特征的技术能记录学生与学习内容、环境（包括虚拟环境和 AI 机器人）、同伴和教师之间复杂交互过程产生的大量数据。例如，在慕课平台上选择同一门“跨文化交际”课程的数以万计的学生可以通过网络社交平台进行积极的讨论，教师也可加入引导讨论的方向和内容，交流的广度和深度前所未有。其产生的庞大数据可以通过社交分析软件（如 Ucinet、Gephi）、内容分析等精准掌握互动的模式、频率、范围、内容等。例如，李艳、张慕华采用质性研究的方法，利用质性研究分析软件 NVivo 8 对收集的 231 条在线学习日志进行编码，围绕学习者、教师、课程、技术、环境五个维度进行内容分析。发现学生在与他人互动方面，相比在线交流，偏好面对面的交流讨论，而教师对学习者的指导与鼓励非常重要，多元评价方式能让学习者体验到学习过程比最后得分更为重要。

4. 大数据能简化外语学习评价方式

在传统教学中，对学生学习过程情况的收集复杂、低效。而教育技术新时代，学习者在学习平台上的学习过程数据能被终端记录并存储下来，为教师评价提供了最直接、最客观、最准确的依据。同时，基于大数据建立的考试网络空间能使学生在虚拟环境中与AI机器人进行对话，系统根据设定的评价指标给出评价分数，改变了以往教师靠经验和主观判断评分的局限性。

第三节　外语教学的理论模式

一、基础层次

本层次是外语教育学理论产生和发展的基础。它所包含的应是构成外语教育学理论基础的处在同一水平上的有关学科或科学。但在原斯特恩模式中，本层次中包含像“语言教学史”这样的不属于某一学科或科学的内容。因此，将其从本层次去掉在逻辑上是合理的。

根据多数外语教育学论著的观点，这些基础学科主要包括：哲学、语言学、心理学、教育学、社会学、人类学等。外语教育学在其产生和发展过程中，在相当长的时间内以这些学科作为自己的理论基础。同时，在其今后的发展中还将继续借助这些学科的诸多理论。

二、本体理论层次

原斯特恩“第二语言教学理论总模式”中的该层次为“中介层次”。这种说法较模糊。我们将其改为“本体理论层次”，其理由是：处于基础层次和实践层次之间的层次正是起关键作用的层次，因而谓之曰“本体理论层次”。根据模式图，该层次指的是在教育语言学理论及其研究（主要指第二语言教育和外语教育的理论与研究）的范围内构成外语教育学本体的关键性理论，它们是：语言理论、学习题论、教学理论和环境理论。这些理论从本质上揭示外语教学的根本规律，它们本身是否科学决定着外语教学的方向。当今的外语教学理论研究应当首先对这些本体理论进行深入的研究和探讨，而不应当只是讨论具体的方法问题。

三、实践层次

原斯特恩模式中的实践层次包括两个部分：方法论和组织。其缺点是将实践的内容和方法论（methodology）混在一起，这容易造成概念上的混乱。我们将实践的内容（即“应用”）置于本层次的中心位置，将方法论和组织与管理置于其两侧。这样，在逻辑上更加合理。

外语教学实践的内容很多，图中列出最主要的十项。它们是：目的与目标、教学大纲、教学原则、教师与学生、教学内容、教材、课内外教学、能力培养、评价与测试、教学科研。

在“方法论”的概念中既包括大的教学法体系（指各种教学法流派），还包括教学手段（media）等。而每一教学法流派又包含观点（approach）、模式（method）和技巧（technique）三个层次。

第二章　现代外语教学的现状

外语是在文化传播与发展中不可或缺的一种技能。改革开放的中国开启了一个新的时代，外语不仅走进了所有学生的课本，成为中国亿万学子的必修课，而且改变着每一个普通中国人的生活，然而目前我国大学外语教学现状并不乐观。本章分为外语教学改革综述、外语教学的现状分析、外语教学面临的机遇与挑战三部分。主要内容包括：外语教学改革的重要意义、外语教学改革的特点、外语教学改革的内容、新时期对外语教学的新要求、外语教学的宏观现状、外语教学的微观现状等方面。

第一节　外语教学改革综述

一、中国外语教学发展历史

1949—1977 年我国关于外语教学法的著作主要是借鉴苏联的教学经验，为当时刚启动的大规模外语教学提供操作性较强的直接指导与课堂方法技巧学习，如《如何教阅读课》等。这一阶段发表的外语教学论文数量很少，即便有也多为经验介绍，理论层面的系统研究不多。学者们主要介绍源自国外的语法翻译法、直接法和听说法等教学法，并阐述了这些教学法在教学实际中的应用效果。

1978—1987 年为“引进阶段”。事实上 1978 年后，我国外语教学理论研究刚刚起步，对外开放的门户也才正式启动，很多国外的先进成果还只是经由留学归国人员或少数来华讲学的国外专家在少数几种外语教学期刊撰文进行粗浅介绍和引入。因此，这一阶段被称为“引进阶段”并非针对引进的论著而言，而是指在外语教学法研究上主要从国外引入相关教学法的理念和操作模式。这一时期，国内学者主编或编著出版了一些教学法书籍，如章兼中的《中学英语教学技巧与方法》，李庭芗主编的《英语教学法》，付克的《外语教育史》和张正东的《外语教育学》。此外，胡文仲于1985年主编了《基础英语教学论文集》，但主要是一些外语界前辈和一线主力教师对基础阶段英语教学方法等的经验介绍，理论性较薄弱。论文内容主要包括对外语教学法进行的宏观评析与整体展望和对具体教学流派的介绍与运用。

1988—1997年为外语教学研究的提高阶段，外语教学研究开始注意理论与实践的结合，并将外语教学与文化、学习策略、外语学习心理、语言测试等主题也纳入外语教学研究中国。外语教学法的研究也随之呈现多样化趋势。张正东1990年主编的《高师英语教学法教程》、章兼中1992年编著的《外语教育学》、王才仁1998年独著的《英语教学交际论》张国扬与朱亚夫1998年合著的《外语教育语言学》、杨连瑞1993年主编的《英语教学论》、杨连瑞1995年主编的《英语教育学》等分别从语言教学原理、教育学、教学论等角度对英语教学法进行了系统研究。这一阶段，胡文仲、李观仪、付克、李良佑与刘犁等还编纂了关于外语教学与教学法的论文集。期刊论文方面，检索国内10种外语核心期刊，关于外语教学研究的文章共计1388篇，涵盖教学改革、学习者、教学过程、教学内容、教学法、教师发展、专业建设等7个主题，其中关于教学法研究的“教学方法”和“教学手段”等方面的文章233篇，占总数的17%。

1998年至今是我国外语教学研究的发展创新阶段，而这一时期的外语教学法研究也不仅在数量上突飞猛进，成倍增长，而且在质量上有了飞跃提升，无论是对国外相关教学法理论的辨析、对教学实证研究成果的采纳，还是对基于我国教学情境的教学法理念的反思、对教学法体系的构建都有了比较完备和成型的研究成果，可谓硕果累累，百家争鸣，从对外语教学法的移植真正走向了改革与创生的新阶段。

整体来说，1998年至今的外语教学法研究呈现出如下特点：研究对象主要以我国英语学习者及外语教学为主，紧密结合教学实际；研究内容向纵深而又更细化的方面推进；这一阶段的研究课题几乎涉及外语教学相关的各个方面。再次，研究方法有了很大的创新和突破，研究方法由以前的理论、定性研究为主转向理论与实践结合、定性与定量结合。

二、外语教学改革的重要意义

（一）有助于英语教学效果的提升

我国高校对应用型人才的教学培养较为重视，高校教师在教学课堂中也主要以提高学生的专业性课程能力为主，但教师在应用型人才培养的教学课堂中也要注重开展高效的英语教学课堂，并注重英语教学效果的提升。在高校教学中开展英语教学，是在应用型人才培养视角下保证人才的综合能力水平培养，其方法能够促使教学内容更加丰富，也能够打破传统教学课堂的禁锢，进而为学生营造更为轻松、愉悦的课堂学习氛围。教师在教学中也能够转变对学生的评价方式，以学生的综合能力水平进行合理的评定，避免了单一的以成绩作为学生评定优差的标准。其教学方法能够促使学生的内心得到满足，学生对知识的运用能力也更加灵活，有利于提高教学效果。

（二）契合时代需求

新时代社会下对人们的英语能力水平有了一定的要求，专业人员的英语能力有较高的标准要求。高校主要以培养应用型人才为主，应用型人才将是未来社会发展进步中极为专业的人才，其英语能力水平更是有较高的标准，对此，在高校应用型培养的教学背景下，创新英语课堂与改革极为必要，其改革更契合时代的需求，能够将我国社会所需要的人才培养为实践能力人才，其教学方向更是我国教育事业未来的主要发展方向。在其视角下对高校英语教学模式进行革新，有利于其教学方法的创新，其教学效率与质量也都能够得到提升。高校学生的英语知识掌握更为熟练，其英语实践能力也能逐步提升，也利于为学生未来的发展打下良好的基础。

（三）推动学生综合素质的提升

高校英语教学课堂的改革对学生的综合素养水平提升起到良好的推动作用。从根本教学理念中探讨，高校英语教学课堂的改革创新能够提高我国高校英语教学水平，教学改革更能够为高校学生营造良好的英语环境氛围，学生对英语知识也能够产生学习兴趣，学生的学习更为主动，利于学生未来的学习与发展，学生的综合素养水平得以提升。

三、外语教学改革的内容

（一）英语教学的思路改革

进行高校英语教学的思路改革，关键在于对观念进行更新，以产生积极的行动意识，其中最为主要的是改变传统英语教学模式中以教为主的思路，要以学生为中心，同时借助微媒体广泛的信息渠道激发学生自学、博学的积极性，以及培养自学、博学的能力。这一思路的转变，其本质是对教学主体位置的转移，由传统的教师主体向学生主体转变，以满足英语教学的差异性与个性化，真正使得高校英语学习成为兴趣导向，形成一种自发的英语学习氛围与环境。

（二）英语教学的方式改革

微媒体时代为高校英语教学的方式提供了更多的可能，无论是智能终端还是各类多媒体手段都可以成为英语教学的主要选择。在应试教育的影响下，大多数学生的学习动力严重不足。高校应该配备专门的信息教学设备，将其应用于英语课堂中，发挥其功能和作用。

例如，教师在课前可以将本节课的重点知识制作成图片和视频，通过微媒体形式展示给学生，使学生更加清晰、直观地对知识有全面的了解。这一教学模式及方法有助于将抽象的知识内容变得丰富化、生动化和形象化，使学生能够真正掌握知识内容，并将其应用于实践。

除此之外，教师也可以利用 APP 或者直播方法讲授知识，设立第二英语课堂，延长英语教学的时间。微媒体背景下的语言教学，因为有这些先进技术方式的存在，无论是在教学的时间还是空间上都可以实现教学方式的更新变革，使得教学方式不再单一，避免枯燥。而且，高校英语教学可以多多借助网络渠道开展教学活动，这样无论是在活动的发动程度还是活动的反馈程度上都会有比较不错的效果。新型的教学模式能够打破时空的限制，有助于激发学生的学习兴趣，提高学生的学习主动性和能动性，使学生能够参与到教学活动中。同时学生也可以将一些没有理解的问题直接反馈给教师，并和其他同学展开研究，解决问题的同时也提高了自身的学习能力。微媒体时代通过现代教育技术打破了传统教学模式的单一性，使大学英语教学更具丰富性、趣味性、活跃性和灵活性。

（三）英语教学的内容改革

在微媒体时代进行高校英语教学的内容改革，首先要在内容的选择方面有所拓展，不能仅仅局限于传统课本中词汇、语法和句法等内容的讲解，而应该将内容选择建立在微媒体时代下全新的沟通交流习惯与环境之下，加强英语教学的实践应用性，使学生学习英语不是为了应试而学习，而是为了交流去学习。同时可以通过微媒体媒介建立沟通类的学习平台，给学生提供学习、展示、锻炼的机会。

例如，在疫情期间各大高校广泛开展了线上教学授课模式，利用优质的慕课资源，使用外研社的英语学习平台 U 校园等进行线上英语教学，保证了教学内容更加丰富、更加实用，学生在获取学习内容的同时感受到了微媒体平台使用的便利性，知识的涵盖量满足了不同程度学生的需求，切实做到了学有所得，个人的英语能力得到了提高，对英语的学习更加感兴趣，从而获得学习的动力。

四、新时期对外语教学的新要求

（一）培养高素质复合型的人才

随着经济全球化的发展，我国的经济、文化等各领域都与世界上其他国家有了更深入的接触，这也对大学生的综合素质提出了更高的要求，大学生要具有全球意识，理解世界不同国家的历史文化，包容不同国家间的个性与差异。在英语学习的过程中，不单要掌握语言知识，还要学习国家的文化知识，还要精通不同国家的文化历史、国际惯例和国家法律法规等，除了掌握基础语言知识外，还要具备一定的国际交际能力、获取知识的能力、自我学习能力等，要学会发散自己的思维，学会自我创新与发展，及时地了解时代发展前沿的知识理论体系，不断更新自己的知识储存库，方能适应经济全球化迅速的变化发展，适应激烈的国际竞争。

（二）适应当代人才发展的新型教学模式

教育是立国之本，教育的发展促进着国家政治、经济、文化的发展，经济全球化让国家对国际化人才产生了更加迫切的需求，我国对人才的培育有了更高的教育标准，要培养具备国际交际才能和国际意识的人才。高校英语教学也要跟上国际化趋向，满足国家对人才培养的新标准，根据国家的具体战略要求，以及现阶段大学英语教学发展的窘境，从英语教学目标、教学手段、课程设置等各个方面针对性地改革优化自己的教学模式，与时俱进，不停深化大学英语教学的变革，为我国现代化社会的发展输送更加高质量的英语人才。

第二节　外语教学的现状分析

一、外语教学的宏观现状

（一）课程设置不合理

高校主要以专业知识教学为主，其英语教学为辅，对此，高校对英语课程的设置过于随意，更不利于学生学习英语知识，也会严重阻碍学生英语综合能力的提升。现今很多高校逐渐开展英语教学课堂，并对原有的教学模式进行改革与创新，但其教学有效性并没有明显提升。

（二）教学模式缺乏多样性

现今高校的英语教学虽然一直在创新与改革，但其教学中仍然存在一些问题影响课堂教学质量，会影响应用型人才的英语综合能力水平。其中最为主要的因素是英语教师在教学中的教学模式较为单一，缺乏多样性教学，进而影响课堂教学质量，也会降低学生学习英语知识的热情和兴趣。其教学模式缺乏多样性会直接影响教学质量，对应用型人才的英语实践能力培养计划也会受到阻碍。

现今，高校英语教师在英语教学课堂中仍然采用灌输式教学方法，其教学方法单一、枯燥，学生的课堂主体性得不到体现，会限制学生自主学习能力的培养，学生在学习中也没有探索和创新思考的过程，更会限制应用型人才能力的提升。

（三）教学主体语言文化意识薄弱

虽然我国的英语教学已经历经十多年的改革，但应试教育使得英语的教育模式仍然是以语言知识教育为主，大部分的学生和老师不太主动去深入了解英语国家的本土文化，大部分英语教师只重视给学生教授语言知识，而忽视语言背后国家文化知识的教育普及，甚至有些英语教师自己的语言文化知识储备都比较贫乏，进而导致大部分的学生也只注重语言知识的掌握，而对英语国家本土文化知之甚少。而关于语言知识方面，由于应试教育对听、读、写的考查更多，这也导致大部分的学生会忽视自身口语能力的提升，能够做好英语测试题，却没办法开口流利说英语。在实际的国际交流中，涉及不同的文化内容时，这些弊端就会逐一显现，无法流利恰当地表明自身的观点想法，无法理解文化内容而导致语言沟通不畅等，更加凸显国际交往能力欠缺的问题，总之，文化是语言的载体，是语言的根基，语言教学不可以忽视语言文化的教育，否则无法准确地向学生导入语言文化，会严重影响国家人才文化基础素养的培养与提升。

（四）教学内容陈旧，教学理念单一

目前，在很多高校英语教学当中都会出现内容单一的现象，教师们的教学内容是不够丰富的，很多教师只是基于教材进行教学，教学内容非常的枯燥乏味，完全不能够吸引学生，而且教师们在教学过程中只讲解课本上的知识，没有对学生的知识面进行拓展，还有些教师在教学的过程中更多注重对学生英语阅读能力和英语写作能力的培养，反而忽视了英语口语表达能力的训练，这对学生英语实用能力的提升毫无帮助，出现这种情况的最主要原因就是教师们教学观念的陈旧，他们经常是为了考试和进一步学习而设置教学内容和教学方式。

（五）大学生的英语学习现状较差

说起大学教英语，很多教师特别苦恼，他们经常吐槽学生学英语出现的各种问题，例如：单词记不住，不开口说英语，语法一窍不通等，渐渐学生也失去了学习英语的兴趣。这归根结底就是我们没有掌握好的教学方法，也没有传授给学生好的学习方法。

（六）大学英语的教学目标不尽合理

在经济全球化的背景下，高校的英语教学应该以培育国际型人才、培养学生的综合文化素养能力为教学目标，但是大部分的高校实际的英语教学目标制定都存在问题。首先，因为大部分的英语教学考核仍以应试笔试为主，这导致部分高校忽略英语口语交际能力的培养，并且语言文化知识、自我学习能力，语言文化价值观、实践运用能力等这些综合素质的培养并未被纳入教学目标中，而考核衡量因素的单一会打击学生学习的积极主动性；再者，大部分的学校比较注重英语基础知识的教学，而缺乏专业英语知识的教授，比如经济、医学、法律等一些专业、学术相关的特定语法、词汇，在一些特定领域和场合会使用到的专业术语，这些参与国际竞争必须要掌握的东西，在教学上还有所欠缺。以上这些都不利于学生综合素质的培育发展。

（七）大学英语的教育方式有待革新

互联网时代，电子信息技术的普及推动了多媒体教学方式的发展，许多学校都应用了多媒体辅助课堂教学。与传统的英语教学方式相比，多媒体将英语

教学的内容以一种更加立体、更加丰富有趣的形式展现给学生们，这在一定程度上能够拓宽学生的知识面，提高教师的教学质量和效率，进而拥有更好的教学效果。但也由于多媒体中英语知识的丰富有趣，也会一定程度上分散学生的注意力，影响教师与学生的教学互动，并且学生只能看课件，却没有充足的实践机会，学生无法充分参与，长此以往，将消磨学生英语学习的热情。其次，尽管英语教学引入了多元化的多媒体课件、互联网这些信息化的平台，但并没能合理恰当地运用多媒体的教学平台，其教学方式仍然是延续过去的老师讲解为主，学生也没能充分发挥自身的主体作用，缺乏创新性。

（八）教学中缺乏“跨文化交际”意识

跨文化意识指的是对与本国、本民族文化有冲突或者差异的文化风俗、习惯及现象等有正确充分的认识，并在此基础上以包容的态度予以适应及接受。跨文化意识在英语学习中发挥了极其重要的作用，英语学习者都应当具备一定的跨文化意识，如此方能确保自身有效地将母语文化精髓与英语文化融合在一起，强化英语学习效果。随着经济的发展和时代的进步，国际的商贸往来也越来越多，各国家、各地区之间的交流也变得频繁，因为每个国家和地区的历史发展、风土人情，风俗习惯等都不一样，这就导致他们在贸易交往过程中，会存在一定的差异性，英语是世界通用的语言，也是连接每个国家和地区的纽带，因此英语教学非常重要，教师们需要在英语教学中重视学生跨文化交际能力的培养，帮助学生去了解不同国家和民族文化背景知识。但我国目前的高校英语教学中是缺乏跨文化交际意识的，很多教师依然在采用中文的教学方法，学生学习的知识与他们的实践是脱节的，学生根本没有办法运用所学的英语知识去处理和解决问题。

（九）教学缺乏对学生多元文化的熏陶

什么是多元文化？一元文化：“豆腐脑必须是咸的”或“咸豆腐脑 no.1”。多元文化：豆腐脑可以是甜的也可以是咸的，不同地方的人有不同的口味倾向。所谓多元文化教育，是建立在教育应该教学生认识并重视世界上的各种文化而非单一文化的基础上。在多元文化环境之下成长的孩子，能形成积极的世界观，他们有欣赏和包容他人的胸襟，对人类和文化的多样性有正向的理解。

在我国目前的高校英语教学中，学生们大多还是通过题海战术的方式来进行英语学习，他们的英语学习缺少了一些趣味性和主动性，而且教师们的教学过程中经常会采用满堂灌的教学方式，更侧重于对词汇的讲解和语法的运用，学生对英语知识的理解是停留在浅层次的，这样的填鸭式教学没有办法让学生体验到多元文化交际能力的重要性。教师们在英语教学中应该多给学生介绍不同国家的民俗习惯、风土人情、地理知识、历史背景等，让他们对每个国家的价值观有一个最准确的了解和表达。

（十）教学缺乏完善的跨文化课程体系和内容

以英语为官方语言的国家不只有西方国家，即使是在西方国家里，不同国家的文化也存在不小的差异。不管和哪个国家的交际都属于跨文化交际的范畴，都属于不同文化之间的交往。试想一下，你在做商务翻译时因为对客户国家文化知识以及交际习俗禁忌缺乏了解，不懂得一般的跨文化技巧和类似文化中心主义的不良跨文化交际习惯，在不经意间触怒对方，导致谈判和生意失败；或者作为国家外交部门翻译，或是作为教授外国人汉语的老师等你都可能遇到的文化碰撞，你是不是很需要跨文化交际能力？在目前的高校英语教学过程中缺乏完善的跨文化课程体系和内容，教师们很少去进行系统的跨文化知识的讲解。

二、外语教学的微观现状

（一）词汇教学现状

1. 词汇教学缺乏系统性

熟练掌握词汇的特点和规律性是学习词汇最有效的方法。但是，我国的英语教材并没有按照词汇的形成等规律，导致学生在词汇形成于记忆的过程中出现了许多问题，因此在词汇教学过程中要求教师必须对英语词汇进行系统的总结，从而帮助学生更好地内化词汇。

目前，我国英语教师很难做到这一点，现阶段的英语词汇教学通常是按照教材中的安排逐步推进的。这种教学方式导致学生对英语词汇的记忆十分不牢靠，往往学习了新词就忘了旧汇，导致其学习能力无法得到有效的提升。主要表现在以下几个方面。

①学生学习英语的自信心不足，面对庞大的词汇量，大多数学生会下意识地认为自己无法在有限的时间内全部记住，从而产生了很大的学习压力，导致其对英语词汇的学习存在着恐惧心理。

②在词汇学习中，大部分学生没有重视词汇与听说读写等学习方法的结合，仅仅是孤立地记单词，导致收效甚微。

③学生在学习词汇时通常会将词汇的音、形、意分开记忆，没有采用科学的记忆方法，在记忆词汇的过程中经常死记硬背，没有对词的构成进行细致、

深入的分析。

④大部分学生的英语语音基础不牢固，导致其学习与记忆词汇时很难利用语音知识进行单词拼读。

2. 词汇教学内容过于单一

近年来，在我国大学英语词汇教学中，词汇教学内容过于单一是导致教学效果较低的主要原因之一。在词汇教学过程中，教师往往将教学的重点放在单词的意义上，对输出、听力、语境、语音、语法、单词的重视度不够，导致其往往会忽视单词所使用的具体语言环境。除此之外，由于课堂的教学时间非常有限，导致其无法向学生传授更多的词汇知识。

由此可知，词汇教学不能仅仅局限于其意义的教学，还必须重视听力和口语等方面。通过教学活动使学习者可以表达自己的想法是英语教学的主要目的，因此实现各个方面教学的有机结合才能有效提高英语能力，例如阅读、口语、听力等。

①阅读。主要体现了学习者对词汇的理解能力，它不仅能使学习者在阅读的过程中掌握更多的词汇量，而且还能帮助学习者通过联系上下文对单词的含义进行记忆。

②口语。主要体现了学习者对词汇的掌握水平，它不仅能提高学生各个方面知识的综合掌握能力，例如语境、语法、词汇等，而且还能帮助学生组织合适的语言输出。

③听力。在听力过程中，会出现许多的词汇，能有效地增加学习者的词汇量，并帮助其巩固已经记忆的词汇。

3. 忽视训练学生的思维能力

教师在进行词汇教学时，必须要重视强化学生的思维能力。一般情况下，为达到强化学生思维能力的目的，教师往往通过结合语境或融入词汇的背景知识进行词汇教学。现阶段的课堂词汇教学偏重控制性、机械性的强化记忆类型的联系，而忽视对学生交流和表达的训练，导致学生较少利用在生活中经常使用的各种语言材料进行词汇运用练习。这种类型的教学模式通常会使学生感到词汇学习等同于机械记忆，与词汇的实际应用关联甚微，长时间下去，学生就会对词汇学习产生厌烦感。并且，教师在讲解词汇时往往忽视文化背景知识的融入，缺少对词汇的文化辨析，其实文化辨析是词汇教学的一个重要组成部分。英汉两种语言反映着两种不同文化内涵，有同有异。教师应该在词汇教学中向学生介绍不同文化对词汇的影响。缺乏文化对比会对语言的习得产生直接的影响，甚至造成理解上的误导。

（二）语法教学现状

语法即语言和文字在表述时使用的方法、结构和规则。学者李泉针对第二语言和语法学习，有如下论述："学习一种第二语言而不学习这种语言的语法是不可想象的，换言之，输入方式和学习方法可以不同，但不学语法肯定无法掌握第二语言。"由此可见，大学英语作为第二语言习得，对于语言结构规则的认知和使用——语法学习，是不可或缺的一环。但目前的语法教学仍是语法学教学，而非第二语言语法的教学。下面从现有语法教材和教学模式两方面予以分析。

1. 语法教材的内容设计

目前，我国的英语语法教学在中学阶段已经基本完成。进入大学后仅英语专业学生会专门开设语法课程。从各大高校选用的语法教材来看，语法教材一般都按照词法、语法、句法三个模块编写，辅以测试习题。词法部分讲解英语构词和短语知识；语法部分大致包括名词、冠词、代词、介词、数词、非谓语动词、时态、语态和虚拟语气等；句法主要讲解从句、倒装句、省略句、强调句等。也有部分语法书将三个模块糅合到一个版块，先是词性、时态、语态，之后是句子、语法项目。高校选择的语法教材内容详尽，但是每个语法项目之间，即模块章节之间大多没有衔接和过渡，各语法项目之间是孤立的。比如名词版块的单复数和主谓一致有着必然的联系，尤其是不规则名词复数形式的掌握情况，直接影响主谓一致的正确应用，但是两个语法项目之间并没有建立起立体的前后关联；又如非谓语动词部分，对动词不定式的各种用法和意义进行了介绍，但当不定式出现在定语从句中或虚拟语气中时，只是单纯介绍从句或虚拟语气，未前后呼应。语法教材内容的模块化，使交叉的知识点彼此孤立，不利于构建系统化的语法知识。

2. 语法课堂的内容设计

教学是以教材为依托进行课堂设计。目前，语法教学呈"知识化""规范式"的特征，学生通过语法各个分项讲解加上习题操练，可以把规则背得明明白白，但是在写作中却屡屡出错。究其原因，语法教学主要根据教材内容逐一展开，仅靠机械的模仿、操练、记忆，课堂教学内容很少以语篇为依托，缺少动态的情境教学。这并不能真正让学生发现问题，也就难以提升语法意识，导致在口语交际和写作中易出现语法错误。

3. 语法教学的活动设计

基于上述教材内容，语法教学多注重语法概念的解释和语法结构形式的分析，教师一般采用讲授法、演绎归纳法，先讲解语法点，然后用提问的方式讲练结合。通过做大量习题，学生只是“懂了”这个语法规则，却不是“会了”这项语法规则。由此可见，传统的语法教学缺少互动，目标导向有局限性。如果教学的目标定位是掌握语法项目并灵活应用，那么多数的语法课堂仅仅实现了前一个目标。教学活动应该与教学目标紧密结合，教学活动促进课程目标的实现。如果想达到灵活使用语法项目的目标，就要设计相应的听说读写活动，给定多元情境，通过不同的互动活动，了解学生对语法点掌握和使用的情况。但大多数语法课堂教学活动枯燥单一，缺少多元多模态的教学活动；还有些高校目前语法课程是大班授课，课堂互动更不理想，亦难以实现课程的高级目标。普通本科英语专业毕业生知识和技能的毕业要求为：“掌握扎实的英语学科基础知识，具有过硬的听说读写译的能力……能将英语学科与社会实践结合起来。”从培养目标、语法教学效果以及学生的实际能力来看，目前语法课程从教学内容设计到教学模式都亟须改革。结合建构主义理论对今后的英语语法教学在课程开展方式方面进行改革探索，以促进教学成效的提高。

（三）听力教学现状

1. 教学模式简单化

在大学英语听力课堂中，大多数高校仍然采用旧式的教学方法，教师一般直接播放听力录音材料，让学生听与做，最后由老师分析并校对答案。这种教学模式就如同在进行听力测试，而不是教学生如何掌握听力技能。听力只是被简单地理解成了一个被动的声音信号的接受过程。这样简单化的教学形式中，教师仅仅将自己定位在放映员与答案提供者的简单角色上。虽然目前的教学条件已大大改善，多媒体教室设备的完善却还是没能推动教学的模式与方法的改变。这样的教学方式会导致学生听力学习兴趣的降低，甚至还会使他们产生对听力学习的抵触心理。

2. 教学材料单一、滞后

传统的大学英语听力教材的内容主要来源于各大高校统一制定的课本，学生缺乏内容丰富、形式多样且结合生活语境的听力材料。并且每个学校学生的英语水平不一，用统一的课本无法做到因材施教。学生在整个单调乏味的听力活动中被动地参与，学习热情逐渐降低。长此以往，由于缺乏有效的语言输入，不同水平的学生均难以提高其英语听力水平。

3. 教师传统的教学方式

首先，高中英语听力教学的模式仍旧十分单一，国内部分高中英语教师采用的听力教学模式仍较为固化：教师先播放听力课件，然后待学生提交答案后公布正确答案并讲解学生的错题，最后教师再次播放听力课件。在这种课堂教学中，学生参与的积极性和主动性不高，表达机会甚少，同学之间的交流也不多，学生听力能力难以提高。同时，这种教学方法也抑制了学生主观能动性的发挥。

其次，听力教学是英语教学中非常重要的部分，但目前仍有很多英语教师对听力教学不够重视。受传统教学方式的影响，很多高中英语教师为了让学生能够在高考和其他各类测试中取得更高的分数，更加注重词汇和语法教学，即英语语言知识教学。听力教学无法做到与说、读、写的高效结合。

最后，高中英语听力课堂缺乏适当的师生互动。由于教师在课堂中占据主导地位，学生和教师的交流太少，学生对教师抱有敬畏的心理，即使有不懂的问题也不敢与教师进行沟通，这导致学生的英语听力水平难以提高。

4. 忽视学生的主体性和参与度

英语听力教学是双向互动的过程，即教师的教学要与学生的学习相结合，并且学生的学习应该是整个语言习得过程的主体。然而在传统的教学过程中，教师总是处于主导地位，学生只能被动地接受语言输入。再加上课堂中的一些听力材料需要了解相关背景，但教学中的材料却不够生动与直观，这样很可能会使学生产生消极的心理因素，导致其无法积极地参与到课堂的互动中去，最终学生不能真正甚至根本学不到知识。

5. 对英美文化与习俗的不熟悉

听力语料的选择往往都是英美国家人们的日常交流场景，自然会涉及历史典故，文化习俗或者民间传说等，学生往往对这些背景知识不熟悉，因此造成理解上的偏差。曾经在听力材料中出现过这样一句话“Her husband has been a basket case since his mother died in a car accident and she doesn’t know how to comfort him.”。basket case 在此句中的意思是“精神极度紧张的人，精神濒临崩溃的人”，该词源于美国军队，指的是在战争中失去四肢的士兵，因为无法行走被战友放在篮子里抬着，所以这些伤残的士兵被称作 basket case。

再看这一句：He is the black sheep of the family. 这里面的 black sheep 根据韦氏大词典的解释，该短语的含义为“a recessive black-fleeced individual in a

flock of normally white-fleeced sheep.”，在任何一群白色的羊群中都会有混杂期间的黑色的羊。在西方国家，人们认为黑绵羊的毛不如白绵羊，所以，black sheep 因为价值不高所以是不受欢迎的。还有一个原因，人们认为黑色代表邪恶，因此，这个词就演变成了另外一个意思“害群之马，败家子”。类似的例子还有很多，涉及西方生活的方方面面，学生如果弄不清楚这些文化或习俗的差异，很难去理解一门外语，所以对英美文化与习俗的相关知识的掌握显得至关重要。

6. 教学手段和教学模式相对落后

目前的听力课教学所采取的主要形式依然是以教师为主学生为辅。教师借助多媒体教室的设备播放音频，学生接收。教师忽略了课堂组织者与引导者的身份，教学方式略显单一、枯燥，很难持续地吸引学生的注意力，达不到预期的教学效果。

7. 词汇量不够以及英美读音的差异

词汇量成了听力的“拦路虎”，这点在新闻听力上的表现最为明显。虽然与篇章相比，新闻的篇幅较短，但是生词多，涉及面广，所以成了学生丢分的关键部分。新闻主题五花八门，涉及经济、国际关系、科技、政治以及民生等。不少学生反映，他们在这部分只听得懂只言片语，往往听力放音结束，很多学生听不懂主旨大意，甚至有的学生只能听懂零星的单词。在很多单词上英美发音不同也是造成学生理解障碍的一个原因。比如说 news，kilometer，tomato，adult，advertisement，either，schedule，defense，garage，semi，route 等单词英音和美音有很大的差异，笔者了解了这一点之后，在平时的授课过程中着重讲解了英美发音的差异，收到了很好的效果。

8. 教师占据听力课堂的主体地位

在以往的大学英语听力课程教育中，教师受到传统教育思想的影响，在实际的课程中，主要以填鸭式教学为主，学生在这种情况下，需要死记硬背英语代名词以及重难点等，教师在整个课堂上占据着主导地位。

如，在实际的听力课堂上，教师播放听力材料，学生被动地进行听力练习，虽然部分教师在听力课堂上会介绍语言背景及语言点，但是，实际的听力课堂上仍然以核对答案为主，导致听力课堂缺少创新性，无法满足学生的听力能力提升需求。由于听力课堂的语言单一性，学生在课堂上无法积极参与活动实践之中，长期发展中学生会逐渐失去听力信心。

9. 学生自身英语能力存在的问题

通过对大学英语听力教学状况的分析，在听力课程教育中，受到学生自身能力的限制，会降低课程教育的整体效果。结合大学英语听力课程教育现状，学生自身能力问题体现在以下方面。

第一，基础能力相对薄弱。通过对大学生英语学习状况的分析，部分学生存在着词汇量匮乏、语法知识不牢固的问题，而且，学生在实际的英语知识学习中，存在着发音不准确、辨音能力差的问题，在实际的听力课程教学中，当遇到语法结构复杂、生词较多的问题，会影响听力效果，无法提高学生的英语听力素养。

第二，学生学习习惯不好。通过对英语听力课程教育状况的分析，在实际的大学教育中，部分学生缺少良好的听力习惯，如，在实际听力训练中，不知道如何运用预测、猜测以及推理等技能，来降低听力理解难度。

（四）口语教学现状

1. 学生表达欲望低下

在日常学习中，学生缺乏英语口语交流环境，加上自身英语基础较为薄弱，造成英语学习效率较为低下。与此同时，在教学过程中，由于学生学习主体的差异性，老师无法面面俱到地考虑到学生的真实学习状况。长此以往，学生缺乏对英语的学习兴趣，就会更加抵触英语口语表达，使其口语表达能力始终停滞不前，严重阻碍自身英语水平的提升。

2. 缺乏口语表达自信

自信是有效学习的前提。但是，学生长时间处于汉语表达环境中，对英语单词的发音尚不够了解。而处在高校的学生，又不免受到心理因素的影响，由于觉得自身发音不准确，就不敢在课堂上或私底下进行英语口语表达，久而久之，丧失了学习英语的欲望，还严重削弱了口语表达的自信，也使老师的英语教学水平得不到提升。

3. 教学评价不够科学

教学评价是依据本课程的教学目标对老师的教学过程及结果进行价值判断并为教学决策服务的活动。教学评价是研究教师的教和学生的学的价值的过程。教学评价一般包括对教学过程中教师、学生、教学内容、教学手段、教学环境、教学管理等诸多因素的评价，但主要是对学生学习效果的评价和教师教学过程的评价。教师通过对学生学习效果的评价，可以及时发现教学中存在的问题，了解学生的掌握情况，调整教学计划；学校通过对教师教学效果的评价，可以判断教师的教学质量，并及时发现问题，对其进行相应的培训。

目前，我国许多高校对学生英语口语的教学评价主要还是采用期中或是期末测试的形式进行。有些时候，测试的结果并不能真实地反映学生的学习水平和学习效果。口语测试更是有别于大学英语测试，单单靠期中或期末测试根本反映不出学生的真实水平。口语测试应采用多种形式，比如跟学生就一个话题进行讨论，让学生自由辩论等。而且，口语测试的时间也不应该固定在期中或期末，而是应该贯穿于整个教学过程的始终。但是，目前，有的教师在进行口语测试时，仅仅让学生背诵对话或者自我介绍等，这根本不能反映出学生的水平，对学生平时的口语练习也无促进或激励作用。很多高校对教师的教学评价也没有一个系统的标准。一般通过教师听课打分，有的还是外专业的老师听英语老师的课，根本就听不懂，怎么能进行有效的评价？还有就是请学生对教师进行评价，这个主观意识就更强烈，有的学生根本不能客观地对教师的教学效果做出评价，完全凭个人对教师的喜好进行评判，结果往往是不符合实际的。

4. 英语以笔试为主的考试模式

国内的英语考试目前仍以笔试为主，加上传统的应试教育的思想使得口语训练长期被忽略。在练习口语和做笔试题之间，学生更愿意将时间花在后者。师生都将大量的时间用来准备笔试考试，而被迫学着哑巴英语。这一点在中学的英语教育中尤为突出，导致在大学中笔试成绩好的学生往往口语都很差。

5. 学生英语基础水平参差不齐

开设英语口语课堂的目的是使学生开口说英语，通过课堂练习，达到提高学生口语交际的能力。因此，英语口语课堂最好采用全英文的教学模式。但是现在很多高校英语口语课堂的现状是学生的英语基础水平参差不齐。如果老师全英文授课，有的学生根本听不懂，何谈交流呢？能真正和老师进行全英文交流的学生少之又少。这样的课堂根本不具备全英文授课的条件，如果老师继续全英语授课，导致一些基础差的学生对自己的英语口语课越来越没信心，对英语学习的积极性越来越低，越来越没兴趣学习英语，甚至到最后放弃英语学习的地步。如果老师改成中文上课，那么就失去了开设英语口语课堂的初衷，对个别基础好的同学也没什么吸引力，因为他们在课堂上根本就得不到提高和锻炼的机会。有的老师采用折中的方法，半英语半中文，但是效果也大打折扣，学生的口语交际能力很难得到提高。

6. 师生关系、生生关系不够和谐

和谐稳定的师生关系以及同学之间的良好关系都是英语口语课堂教学中不可或缺的重要因素。有着良好的师生关系和生生关系才能保证英语口语课堂的正常进行。然而，有的教师在教学过程中跟学生的关系不够和谐，以“高高在上”的姿态教育学生，学生一犯错误就严厉批评，让学生对教师产生恐惧或厌恶的心理。在口语课堂上，学生如果带着这种情绪上课，跟老师之间的交流就会不那么自然，甚至是被迫的。同时，学生和学生之间如果关系不够和谐，那么口语练习在紧张的气氛中也难以进行。因此，在口语课堂教学中，不管学生回答得如何，教师应对学生的回答应加以鼓励或表扬，即使有些小错误也应该委婉地表达，让学生树立自信心，敢于开口去交流。同时，同学之间也应该建立良好的关系，才能保证课堂的有效进行。

（五）阅读教学现状

1. 词汇匮乏

目前大学生在英语学习中，其词汇量要求是2500个单词。词汇量的学习需要注重数量与质量，即学生在词汇学习时需要了解其字面含义，也需要通过语义理解了解词语在语境情境中的含义。

事实上，大学生在英语单词记忆中仅注重汉语意思的理解，无法有效进行语言环境中词语含义的灵活运用。而词语理解得不细致，往往会导致学生无法有效进行语法结构的梳理，无法掌握英语阅读中的含义。

2. 缺乏阅读技巧

高校的学生在进行英语阅读过程中会存在阅读速度很慢的问题。首先，由于学生存在盲目性阅读，无法依据材料问题进行文章的精读与略读，导致其阅读效率低下；其次，则是学生在阅读过程中只注重逐个单词的理解，缺乏对于文章词组、意群的分析，进而导致阅读存在速度慢的情况；最后，学生因担心理解错误，会出现一个句子重复阅读的情况，进而导致无法科学有效地把握段落以及词语的含义。

3. 缺乏阅读兴趣

我国高校学生的英语基础薄弱，其在英语学习过程中往往会因成绩的落差而丧失信心。不仅如此，大学生在英语阅读时存在意志不坚定，无法充分调动自身的眼、脑、口、手，故而导致阅读时半途而废。

4. 阅读浅层化倾向

阅读的深与浅对个体阅读能力的培育至关重要。当前，信息技术和网络资源的开放性、便捷性和时效性让大学生可以随时随地获取英语阅读资源，开展便捷化阅读体验。但是，由于数字阅读本身的局限性，使数字阅读始终以浏览式、随意性、跳跃性、碎片化的形式存在，说到底就是一种浅层化的阅读，学生仅是“阅读的人”而非“阅读人”，阅读过程看似轻松、有趣，却未能留下深刻印象。有学者认为，数字时代的浅层化阅读对阅读而言是一种伤害，与沉浸式阅读带来的阅读效果存在天壤之别。因此，如何规避大学生英语阅读浅层化倾向成为培育大学生英语阅读素养面临的重要挑战。

5. 阅读量偏少问题

俗话说“熟读唐诗三百首，不会作诗也会吟”，英语阅读能力培育也是建立在大量阅读基础之上的。但是，由于大学英语教学中的“应试教育”偏向，学生把过多的精力放在听力和试题解答方面，而没有注重阅读习惯的培养，同时学生在课外阅读过程中缺乏教师的有效指导，存在阅读量小、重复阅读、过分依赖字典等情况。

此外，阅读时有些大学生习惯对文本信息的“浅尝辄止”，并没有对所读材料进行精细揣摩和辨析，从而抑制了思维，削弱了联想能力，导致阅读量更加偏少。

6. 阅读教学工具化

一直以来，由于传统教学观念的影响，在英语阅读教学中，教师过分注重知识传授而忽视综合运用能力的培育，尤其采用“灌输式”“填鸭式”教学，学生的学习处于被动状态。

此外，部分英语课堂教学的重点仍在单词学习、句型学习等方面，忽视了文本整体语义脉络的梳理和文章思想性的把握，忽视学生作为一种知识自我建构主体的存在。如此，学生不仅未能认识到阅读能力培育的重要性，即使开展阅读训练，也是单纯为了应付考试，导致英语阅读变成一种“工具性”的存在，没有体现出阅读的价值。

7. 教师在阅读教学中的作用缺失

各民族据有自身的语言文化，其民族文化大都通过语言进行传播，承载着民族文化的重要部分。想要学好一门语言，就必须深入感受其民族文化。然而当今学生对自身民族文化都缺乏了解，更不会受到其他民族文化熏陶，这种现象使学生对英语的阅读缺乏理解力。普通高校中教师对语言学在英语阅读中的实践缺乏重视，英语阅读中的词义、历史含义。象征意义等学生都无法理解透彻，如此循环，不会激发学生对英语阅读的激情。

（六）写作教学现状

1. 教学目标相对模糊

教学目标是决定具体教学方法和教学流程的重要条件，教学目标比较清晰的情况下，教师可以沿着“目标”去铺设具体的教学流程，保证每一个流程能够产生预期内的教学效果，以及不同的教学活动能够对学生的能力进行怎样的锻炼等。但当前大学英语写作教学中最常见的问题是教学目标的设定相对模糊。

具体表现在，教师会在课程开始前设定一个主题作为教学核心，所有的写作任务也会按照该主题进行设定。但教师却并未对本堂课内学生能力会实现怎样的提升，掌握怎样的能力等内容进行清晰的规划。事实上，教学主题并不是真正的教学目标，真正的教学目标应该是教师希望通过教学来达到怎样的“成果”，也就是学生在接触这堂课之后，能够衍生出怎样的技能。在教学目标不明确的情况下，教师仅凭着不同的主题进行讲解，很难保证学生能够在规定的时间内充分掌握相关知识。

因此，在教学目标模糊的情况下，很有可能会出现因教学效果不确定而导致的课程紧、赶进度等现象，从而令教学技能的传递出现缺失和漏洞。这些缺漏正是导致大学生英语写作能力无法切实提升的根本原因。

2. 写法策略形式化

大学英语写作能力是对学生语言能力的直接反映。从基础结构上看，完整的英语写作能力包括段落结构的掌握能力、词句的应用能力等。但真正高质量的英语写作能力，并不是将基础结构进行固定组合的能力，而是能够根据不同的写作需要将基础结构进行灵活排序和调整的能力。但在大学环境中，英语写作已经逐渐出现了功利化的问题。

具体表现为，一部分大学生为了提升自己的就业竞争能力，会在大学期间尽量考取专业证书，例如比较通用的英语四、六、八级证书等。而常年的专业考试，往往都存在一定的写作范式。部分学生通过考试，便会不断地熟悉、背诵这些通用型范式。虽然这种手段的确可以提升通过率，但长此以往学生会忽略写作过程中思想性的传达。而思想和情感的渗入才是令英语写作具有特殊价值的关键所在，当写法策略逐渐倾向于形式化、固定化时，那么学生所掌握的

写作技巧，并不是真正具有实际功用和实际价值的写作技巧，无法成为学生就业竞争过程中的主要竞争力。

3. 教师教学理念落后

在英语写作教学中，教师只重视英语单词、语法和句子的相关教学，却忽视了英语文章结构对培养学生思维能力的重要性。同时，为了应付应试教育，教师更多的是教授学生提升考试分数的方法和技巧，忽视了培养学生思辨能力的重要性。

在实际课堂教学中，教师往往只是针对学生需要掌握的知识点进行反复讲解，并未组织学生围绕知识点进行提升思维能力的辩论，这阻碍了学生思辨能力的发展。批改学生作业时，教师往往只注重纠正学生写作中错误的单词和语法，并未关注学生的写作表达能力以及构思布局的能力。比如在大学英语等级考试备考中，教师只是让学生反复记忆往年考试范文的写作思路和写作方向。这种机械灌输的教学理念与教学模式禁锢了学生的思辨能力，使得学生在英语写作中无法进一步拓展思路，更难以写出优秀的英语作文。

4. 师生互动浮于表面

英语写作虽然不像是英语阅读和英语口语等类别一样，具有明显的互动性特征。但大学生的英语写作能力明显处于尚未成熟的状态，需要教师进行严密的指导，才能帮助他们掌握写作技巧。但事实上，当前大学英语教育环境下的写作课程中师生互动频次较低、互动效率持续低迷等现象十分普遍。

具体表现为，教师和学生的互动基本都停留在课堂提问的环节当中。而在教师完成基础知识和写作技能的讲解后，便会直接要求学生按照主题进行预设的写作练习，随后教师再对学生的写作成果进行简单的评判。整个过程中真正有价值的师生互动时间极少，学生实际上只是接收了教师传达的信息。学生在学习过程中产生疑问时，也无法与教师进行有效的沟通。而这些疑问会成为影响学生对知识体系进行整体性认知的障碍，从而降低学生对知识的掌握程度。

5. 缺少专业的输出训练

大学英语的整体性教学目标，实际上是在夯实学生英语理论基础的同时，帮助学生形成真正的语言掌控能力。也就是说，当学生完成大学阶段的英语学习后，预期内学生应该成长为具有专业性英语语言能力的实用性人才。而要实现这一目标需要教师提供绝对专业的写作技能训练。专业指的是内容、范围、形式上的专业性，也就是说，教师所提供的输出训练要与就业范畴中英语实用的范围、内容存在高度的一致性或相似性。但实际上，当前大学英语写作过程中教师基本上都会以课内教材中的课后作业和一些简单的写作主题作为输出训练的主要内容。这些训练内容具有专门性，但不具备专业性价值。缺少专业性的训练会令学生的思维和专业能力停留在课本难度范围内，这并不利于学生形成高质量的英语综合能力。

6. 教学模式陈旧缺乏新意

应试教育的教学模式禁锢了学生好奇、善于思考的天性，阻碍了学生思辨能力的提升。同时，在传统的英语教学中，教师把培养学生词汇、语法等语言能力作为英语教学的重点，却忽视了英语写作对学生的重要性，教学模式的陈旧和教师对教学重点的偏失，使得学生的思辨能力无法从根本上得到提升。

7. 教学内容和写作选题与思辨能力培养不匹配

在学生思辨能力的培养中，教师很难找到配套的专门教材或关于提升学生思辨能力的主题内容。虽然，各大出版社近几年推出了许多高校英语方面的教材，但除了素材稍做改变外，教材思路几乎如出一辙，新的教材并没有对学生的思辨能力给予真正帮助。而且，目前的高校英语教学目标没有对学生的思辨能力做出具体详细的要求，教师在实际教学中也并不重视学生思辨能力的培养，这也是导致教学内容和写作选题与思辨能力培养不匹配的重要原因之一。

在课后作业中，教师布置的往往都是缺乏新意的写作题目，这导致学生无法提起写作兴趣。为了完成作业，很多学生只是照搬照抄写作范例，根本不会深究写作题目的真正含义，这使得学生难以形成自己独特的观点，思辨能力得不到进一步提升。

在进行高校英语写作教学时，很多教师不去拓宽学生的课外知识，只是照搬照念教材内容，学生接收的英语内容非常有限。同时，大部分学生也不重视英语知识的积累，他们没有及时储存和拓展相关信息和知识的习惯，这导致他们在进行英语写作时缺乏写作素材，不能对写作内容做进一步分析讨论。另外，学生在进行英语写作时，很多都是按照先汉语再英语的思路进行写作框架的构建，这种不正确的思维模式也是阻碍学生思辨能力提升的重要原因之一。

（七）翻译教学现状

1. 教学班规模过大

在课堂教学中，教师在进行英语翻译教学时，有的班级规模较大，并且是以传统的面对面教学作为主要形式，这种大班额授课的方式无法关注到课堂上所有学生，无法全面监督每个学生英语知识的学习状况和学习技能的提升，也使学生无法在课堂上有效拓展和加深对中西方文化知识的了解。在大班的课堂模式教学中，教师无法灵活地讲授这一学科，许多学生很难领略英语这门语言学科的有趣和美妙之处，这在很大程度上限制了学生对英语文化知识的追求，并限制了学生在中西方语言文化上的成长和发展。

2. 课程设置不合理

在大学英语教学中，大部分学校并没有单独开设翻译课程。在每周四课时的教学中，精读占用了 3 课时，听说占用了 1 课时，这使得老师没有时间重点讲解翻译技能，只是在精读课程中有所渗透，这就大大降低了学生对翻译知识的学习。虽然《大学英语课程教学要求》（2007）和全国大学英语四、六级考试都对学生的翻译能力提出了要求，但由于老师课时有限，很难重点讲解翻译知识，使得学生翻译知识匮乏。很多学生没有达到《大学英语课程教学要求》（2007）中对于学生翻译水平的要求，学生们在四、六级考试中翻译题答得也不好，很多学生普遍反映翻译题型对于他们来说较难。

3. 缺乏跨文化教学

当前，各高校在大学英语翻译教学实践活动当中，缺乏跨文化理论知识的教学，即便部分高校在翻译课堂中会对跨文化知识进行讲解，也没有占据大量课时。目前，国内没有专业的大学英语翻译教材，现有的英语教材当中极少涉及跨文化知识。大学英语教师在日常的教学实践活动当中，未能充分利用互联网技术获取跨文化理论知识，补充教学该方面知识。在研究翻译教学现状后，相关学者指出，跨文化意识直接关系着英语翻译教学质量。

因此，各高校应在设置课程与教学内容时，侧重培养学生的跨文化意识。上文详细表述了英语翻译活动具有的体验性特点，翻译工作人员在开展翻译活动时，会对自我认知进行转变；依托文本翻译活动产生直接或间接地体验交互，这种体验是现实客体与翻译主体的互动，更多地蕴含在文化当中。在英语翻译活动当中，文章作者、翻译工作者、读者间存在紧密联系，为实现翻译活动的和谐、有序、共存，翻译工作人员在进行翻译时，应遵循真实性的表述原则，结合自身的实际感知，展现自己的主观性与自身认知，对作品进行再创作；这也表明在翻译的认知转化期间，翻译工作的主、客体分别对主观世界进行了基于文化感受与自我认知体验的重组。

现阶段，国内大部分英语教师在开展教学实践活动时，更侧重翻译技巧教学。不注重培养学生的跨文化意识。从认知语言学翻译观视角，翻译人员在开展英语翻译活动时不可任性翻译、随意发挥，应寻找动态性的语言平衡。在翻译活动当中，翻译人员会接触到各类型的文化，在对原文中的西方文化进行理解、体验时，不应从本土文化视角入手，而应从文章背景的文化角度对原文语义、中心思想进行感知体验，实现翻译平衡。

比如 It is raining cats and dogs，若简单从语义、从本土文化视角对其进行翻译会严重偏离文章原本意思；正确的含义应为瓢泼大雨。若学生具有跨文化意识，在翻译上述类型的语句时，能够从西方文化角度体验原文含义，认知原文的文化背景，实现翻译工作的多重互动表达，可以确保读者透过译文更深入切实地了解原文语意、中心思想。

4. 过于注重理论教学

现阶段，国内绝大多数高校在开展英语翻译教学实践活动时，更注重理论教学。在具体的教学实践活动当中，由大学英语教师向学生提供传统节日、历史、文化、教育、科技、经济、商业等领域的英语原文，并从经典文章中抽取部分段落、篇幅。高校学生需要根据英语教师的要求，在课堂上或课后的规定期限内对文章进行翻译，并比对教师给定的参考译文进行预习、复习。在英语翻译课堂上，大学教师对英语原文进行逐字逐句的讲解，批改学生的翻译作业，并针对学生的翻译共性错误进行评价。该种教学模式使得英语教师将教学活动的侧重点放在了训练学生的语言能力、语言技巧方面，过于注重学生的语义转换能力，并未深入培养学生的认知能力；在翻译教学实践活动中，过于重视语法教学，忽视了其背后的翻译文化，这也导致高校学生无法充分掌握了解翻译信息的提取、理解、转化工序，只是不断简单重复地训练自身的语言翻译技巧，一旦学生面对长篇英语文章或需要较高翻译技巧的英语段落时，很难顺利地完成翻译工作，只能简单地对照语言体系进行表层翻译，无法深刻地表达文章内涵与逻辑。

5. 评价机制不完善

从翻译体验观角度进行分析，人类的语言能力、翻译能力与先天因素不存在较为明显的关系；通过后天的培养、教学，能够有效提升学生的翻译能力。在针对英语语言开展翻译活动时，翻译人员主要依托文本与文章作者进行对话，进而理解文章含义，并用另一种语言替代文章作者向外界进行表达；这也意味着学生所拥有的翻译能力是多样性的，具有不同类型，仅仅依靠一张试卷很难客观全面地衡量学生的翻译能力；在大学英语翻译教学评价活动中，教师应明确学生的多样化特点。大部分国内高校缺乏针对英语翻译教学活动的系统性评价体系。在考核教师教学成果时，主要依靠学生的试卷成绩；在设置考核题目时，英语教师也更为注重中英翻译，这使得学生很难借助考核试卷向学校、教师反映自身的翻译能力。国内大学生长期处于单一的文化语言背景下，不会直接认知、体验两种语言的实际差异性。若学生缺乏跨文化意识，极易在翻译英语文章时出现严重错误。因此，单纯的试卷考核无法充分展现学生的学习效果以及教师的教学能力，缺乏一定的客观性。

6. 人文素养类课程较少

大多数翻译专业开设了英汉和汉英翻译技巧、翻译理论、口译实践等核心课程，与中西方文学、哲学、政治学等相关的课程较少。通过对所在院校学生的问卷调查显示，多数学生觉得翻译核心课程开设的时间较晚，大多都集中在大三、大四，且翻译练习过于形式化，这导致学生对这些课程的印象不深。教师在课堂上对中西方经典作品的译著介绍并不多，学生基本上没有读过经典译作，更没有做过译作之间的对比，这样的课程设置对学生核心素养能力的培养是十分不利的。

7. 任课教师缺乏课程意识

目前大多数翻译专业教师在授课过程中具备教学意识，但缺乏课程意识。许多教师把教科书上的知识点当成主要甚至是唯一的教学对象，教学视野狭窄。翻译专业教师应该与时俱进、丰富课程资源，不断对课内外知识进行拓展、深化、补充和超越。

8. 学生对翻译学习重视不够

由于大学英语教学中没有设置翻译课程，所以考试时也不重点考察学生的翻译能力，这使得许多学生忙于精读和听说的学习，不重视翻译的学习。他们认为只要多背单词，多学语法，能看懂文章就能够翻译，对于翻译技能没有重点学习。

实际上，翻译课程是一门很难的课程。郭沫若先生曾说过："翻译工作是一项艰苦的工作，我不但尊重翻译，也深知翻译工作的甘苦……这不是一件平庸的工作，有时候翻译比创作还要困难。"这就说明翻译对译者具有很高的要求。他要求译者具有深厚的语言功底，精通中、英两种语言，能正确理解原文，同时，又要求译者具有较高的写作能力，这样才能把原文恰如其分的译出来。除此之外，译者还需具有广博的文化知识：他能够熟悉中西文化差异，熟悉相关国家的文化背景知识，这样才能够在翻译中更好地传递文化知识。再次，译者需要具有高度的责任感。译者的工作态度要严谨、端正。翻译前要进行周密的准备，翻译后要认真进行校对，要做到敬业。许多学生认为，只要学习了一点外语，借助一两本词典就能翻译，这种想法是错误的。

9. 忽视对学生汉语能力的培养

对于翻译专业学生来说，提升英语语言能力固然重要，但更重要的是提升双语思维与双语转换能力。以河南省某院校为例，该校不少翻译专业本科生表示其大学四年一直在强化英语语言能力，自身的汉语素养在本科阶段反而被不断弱化，因此，他们希望学院能开设中国现代散文、经典文学翻译、古诗词鉴赏、古汉语选读等课程来巩固和提升他们的汉语水平。

10. 现有翻译教材存在严重不足

翻译教材是翻译学科建设的重要组成部分，是教师教学和学生学习的重要依据，它直接影响着翻译教学的水平和效果。因此，翻译教材的质量直接关系着翻译教学的好坏。但是，现在市面上的教材存在各种各样的问题。有的教材编写体系不够合理，引入翻译理论的方式不够科学，虽然教材中引用了大量的翻译理论，但是这些翻译理论比较抽象，使学生很难理解；有的教材全部都是译法、译例，没有理论指导，缺乏科学性；还有的教材在内容选择上缺乏广泛性，在选材上过于侧重文学翻译，选材大多是文学作品、名家名译，而非文学翻译的内容却涉及很少。由于教材在编写过程中忽视了非文学翻译的内容，致使教材实用性不强，不利于应用型外语人才的培养。即便是在这些侧重文学翻译的教材中，也存在所选用的译例陈旧的情况。这些教材并不能调动学生学习的积极性，使学生丧失了学习翻译课程的兴趣。还有的教材练习讲解不够深入，练习题设计不够合理，形式单一，甚至东拼西凑，只是简单罗列答案而未加点评。这些都是目前的翻译教材存在的问题，这对翻译教学产生了消极的影响，亟待解决。

11. 学生中英文水平薄弱，翻译教学难度大

翻译是一门很难的课程，它要求译者中英文水平过硬。有的学生英文水平薄弱，单词不认识，语法看不懂，这使得他们很难进行翻译，翻译难度较大。在这些学生的译文中，出现了意思不对、语法病句、语篇缺乏连贯性、搭配混乱等胡乱翻译现象。即便有的学生英文水平较高，能很好地理解原文，但是他们的汉语水平不高，也翻译不好文章。而且英文水平较高的同学，他们的中文水平受到了英语的干扰，不符合汉语规范，译文读起来既不是地道的英文，也不是地道的汉语，这使得翻译教学难度增大。

第三节　外语教学面临的机遇与挑战

一、外语教学面临的机遇

大学英语教学改革的步伐从未停歇过，但是不管怎么努力都被冠以“费时低效”的罪名，教学资源不足、“因材施教”教育理念贯彻不到位、评价无法及时科学反哺教学等问题一直是大学英语教学改革中的顽固问题。人工智能时代，随着大数据技术、计算机视觉、智能语音技术和自然语言处理技术所催生的慕课、自适应学习系统、个人学习中心、智能导师等的广泛应用，这些问题将迎刃而解。

（一）慕课的蓬勃发展，海量教学资源得以共享

慕课（MOOC），即大规模开放在线课程，是大数据时代的产物。2013 年，中国迎来了慕课元年，从此中国大地掀起了一股慕课建设的热潮。从教育主管部门、高校、教材出版商、IT 企业、教育培训机构到普通教师，都在共同致力于开发慕课平台，共建优质教学资源。短短的六年时间里，中国慕课在信息技术尤其是人工智能技术的驱动下实现了跨越式发展，目前，我国共有 12 500 门慕课上线，超过 2 亿人次在校大学生和社会学习者学习慕课，6500 万人次大学生获得慕课学分。已经上线的慕课中，大学英语慕课的份额十分可观，为大学英语教学提供了海量教学资源。

目前，中国大学 MOOC，共有 468 所合作高校共推出了 1291 门国家精品慕课，其中包括 60 余门大学英语通识类课程、28 门专门用途英语课程和 21 门跨文化类课程；中国高校外语慕课平台（UMOOCs），我国首个以外语学科特色为主的国际化慕课平台，自 2018 年 3 月 23 日正式启动以来共上线大学英语类课程 40 余门；国内外语类三大出版社也创建了特色课程平台：外语教育与研究出版社推出了 U 校园教学云平台、上海外语教育出版社创建了“WE Learn 课程中心”、高等教育出版社推出了 i-Smart 外语智能学习平台；清华大学研发的学堂在线上也有将近 50 门大学英语类课程。这些平台所推出的海量优质外语教学资源，学习者可以像逛超市一般按照自己的喜好和需求在平台上挑选课程，这较好地解决了大学英语过去一直教学资源不足的问题。

除此以外，随着人工智能技术的迭代升级，机器人教师和虚拟教师的广泛

应用，他们都将成为最好的老师时时陪伴，"同一个世界，同一个课堂"的愿景在不久的将来得以实现，大学英语教学改革路上教学资源不足不公的问题不再是制约大学英语教学发展的问题。

（二）自适应学习广泛应用，"因材施教"教育理念得以践行

孔子提倡"因材施教"的教学理念，要求教师在教学中应该根据学生的认知水平、学习能力及自身素质有的放矢地进行差别教学。大学英语教学改革几十年来，也一直致力于"因材施教"个性化的教学改革，但是劳而无功，究其因，主要是课堂人数多，教师无法每次课前准确掌握学生学习程度、课中和课后不能即时跟踪学生的学习情况，因此很难做到适时调整教学策略实施"因材施教"。

2016 年美国自适应学习平台 Knewton 及我国自主研制的智能自适应学习系统的投入使用，为教师、学生自己，甚至家长了解学生的学习状态，依据学生的学习兴趣、学习风格、学习需求选择适合的学习资源和途径提供了便捷。人工智能在自适应学习过程中所起的作用显而易见，主要体现在：科学而又高效的学习状态诊断；精准学习资源的推送；全过程学习数据的收集、分析与整合。因此，人工智能技术与大数据应用使得量化自我和定制学习的个性化教育成为可能，"因材施教"的教育理念也将得以践行。

（三）大数据护航，精准多维的课程评价得以实现

课程学习评价是教学中的重要环节。大学英语课程学习评估经历了过去的以终结性评估为主到终结性评估与形成性评估相结合的课程学习评价方式，但是不管怎样，过去评估形式的改变并没有改变评估重结果、轻过程、重整体、轻个体的结局。此外，由于技术的原因，课程考核根本无法顾及学生的情感因素。

因此，这种单一的评价模式始终没法全面科学精准地反哺教学。人工智能通过即时摄录大数据分析使传统评价发生了根本性变化，所有学生的学习记录将被人工智能综合收集起来，互相参照、优化、聚合后分发，从而提高总体水平，彻底升级"教学相长"的含义。尤其是智能导师系统及智能评测系统的开发利用，可以凭借人脸识别、语音识别、机器学习、自然语言处理等技术，不仅能全过程精准收集学习的学习数据，而且还能对学生的学习状态、情感感知等多种学习因素作出即时的诊断和评价。大数据保驾护航收集全过程学习数据、智能导师和智能评测提供多维即时诊断和评价，这才是具有实际意义和现实价值的课程学习评估。

二、外语教学面临的挑战

人工智能技术给大学英语带来无限机遇的同时，也倒逼大学英语教学必然积极识变、应变、求变，朝着教学目标高阶化、课程体系后现代化、教学模式智慧化、教师角色精细化方向发展，主动服务国家战略发展和学生的“学以成人”。

（一）教学目标高阶化

1. 新时代高要求

近两年，教育部罕见多次发文呼吁大学英语教学改革。2018 年 9 月 17 日，教育部召开加强高校公共外语教学改革工作会议，提出要“实施面向非外语专业的公共外语教学改革”“培养高素质国际化复合型人才”。“推进公共外语教学改革”也被列入 2019 年教育部“十大事件”之一。2019 年 3 月 29 日教育部和中组部又联合召开“推进公共外语教学改革，大力培养高素质国际化专门人才”会议，重点讨论如何培养学生的“专业＋外语”综合应用能力，为国家战略培养和储备“一精多会、一专多能”的国际化复合型人才。教育部高等教育司司长在 2019 年第四届全国高等学校外语教育改革与发展高端论坛上提出高等外语教育要主动服务国家发展战略，要积极迎接新科技革命挑战，要全面融入高等教育强国建设，大力培养具有全球视野、通晓国际规则、熟练运用外语、精通中外谈判和沟通的高素质国际化人才。

2. 新技术新要求

2018 年 4 月，博鳌亚洲论坛上，大屏幕即时将嘉宾语音转换成中文又即时译成英文；2018 年 11 月的第五届互联网大会上，不但有中文，还有英文的首个 AI 合成新闻主播的出现。翻译软件、智能机器人等日新月异，给人类教育提出了新的要求。在人工智能时代，人类几千年积累下来的知识，瞬间可以从智能机器人和资源库平台获取，使得人类靠知识传授的课程即将被淘汰。课程教学的重心不得不从曾经的知识传授转移到通过学生的个性化学习和自适应学习，培养信息获取和分析处理能力、终身学习能力、批判性思维能力和创新能力，以及人工智能所难以拥有的精神能力，包括情感能力、价值追求能力、美感能力和创新能力。在这种高要求、新要求下，大学英语教学的目的就不再是简单的培养学生的英语应用能力，提高综合文化素养了。而是迈向更高阶的利用英语汲取和交流专业信息能力的培养；使用英语解决专业问题的学科思辨能力和创新能力的培养；同时发展其自主学习能力、提高其智能素养，使他们在各自的专业学习、研究和未来工作中有效地使用英语，满足国家、社会、学校和个人发展的需要。按照布鲁姆教育目标分类法，认知领域的教育目标按知识与认知过程两个维度分类。在知识维度，知识被分为事实性知识、概念性知识、程序性知识和反省知识 4 种类型。在认知过程维度，认知过程维度，认知过程由低级到高级被分为记忆、理解、运用、分析、评价和创造 6 种水平。

人工智能时代的大学英语教学目标高阶性主要体现在：在知识维度，大学英语教学目标设立从事实性知识、概念性知识、程序性知识向反省认知知识迈进；在认知过程维度，从记忆、理解、运用向高阶的分析、评介、创造迈进。

（二）课程体系后现代化

人工智能时代将迎来学校平台化、传统课堂网络化、课程市场化，人工智能技术随时从云端、海量资源库中为学生提取知识，并经由结构化推送给学生，经过学生深度学习之后进一步提炼加工，再次结构化。

此外，人工智能超强的学习能力随时产生大量人类无法理解的暗知识（所谓暗知识，就是指那些人类根本无法感受到无法表达出来的，然而却能够发挥重要作用的知识）。"人类将进入一个知识大航海时代，我们将每天发现新的大陆和无数金银财宝。"正如施瓦布（Schwab，J）在 The practical：A language for curriculum 中所言：课程领域已步入穷途末日，按照现行的方法和原则已不能继续运行，也无以增进教育的发展。现在需要的是适合于解决问题的新原则……新的观点……新的方法。因此，大学英语目前线性的、统一的、封闭的现代课程体系必然受到冲击，取而代之的是非线性的、建构的、开放的小威廉 .E. 多尔所倡导的后现代课程模体。人工智能时代，大学英语课程体系应该朝小威廉 .E. 多尔所提出的具有四 R 特点的后现代课程模体建构，即课程具有丰富性（Rich）、回归性（Recursive）、关联性（Relational）和严密性（Rigorous）。所谓丰富性，是指课程的深度、意义的层次、多种可能性或多重解释。在人工智能时代，学生与教师、学生与同伴之间是学习伙伴的关系，他们随时都可以能产生新的疑问或知识，因此为了促使学生和教师产生转变和被转变，课程应具有"适量"的不确定性、异常性、无效性、模糊性、不平衡性、耗散性与生动的经验。课程具有回归性是指课程的片段、组成部分和序列应该是任意组合的，不应该设置为孤立的单元，而应视其为反思的机会。也就是说在设置课程体系的时候，每一个知识，包括作业、测验等都应该提供对话和反思的余地，避免课程的重复性。关联性指建立教育与文化之间的关联。具有关联性的课程模体将摆脱过去课程体系仅仅由课程内容或教师来决定，课程模体处于一种不断建构的过程，它的内容和体系远远超越原有的课程内容。严密性是四个标准中最重要的。自发组织建立的丰富的具有回归性的课程并非任意、无序的，而是具有学术逻辑和符合课程发展规律的，可以用数学思维准确度量的。只有这种非线性的、开放的、不断建构的课程模体才满足海量资源，优势整合的特点，才能有效解决学生日益增长的对英语能力提升的需求与优质英语资源分布不平衡直接的矛盾。

（三）教学模式智慧化

人工智能赋能的课堂将首先是网络化、数字化、智能化的课堂，是实施个性化教学的创新能力培养课堂，是基于项目式学习的自主、合作、探究的课堂，是线上线下无缝衔接的混合式和翻转课堂，是平等交互、自适应学习、快乐幸福并追求个性全面和谐发展的高效课堂。

因此，大学英语教学应当遵循语言学习“输出驱动、输入优化、产出评价”和以“学生为中心”理念，从英语学科教学方法与移动新媒体技术相结合的视角，引入自适应学习系统、智能导师系统加强过程监控与评估，充分利用慕课、微课等建立具有可视化、可听化、协作化、互动化的大学英语“金课”教学模式，充分发挥线上线下教学互促和互补的优势，构建线上线下教学环节，形成课前预备、课中教学、课后巩固、课外丰富及教学反馈五个教学环节为一体的螺旋上升模式，实现知识从传递到知识提升。

（四）教师角色精细化

智能语音、智能批改、智能翻译、教育机器人等人工智能技术广泛应用于英语教育，过去教学中一切重复性劳动和大部分管理工作都将被人工智能所取代，教师角色将发生重大改变。过去衡量优秀教师的素质体系：扎实的外语基本功、完善的知识理论体系、较强的外语教学能力，已经无法完全满足人工智能时代对大学英语教师的需求。未来的人工智能智慧课堂不需要教师，教师的角色将转型为课程的咨询师、学习的引导者、数据分析师、情感呵护者等，角色将越来越精细。

除此以外，由于角色的精细分工，将来教师不可能再孤军奋战，而是走向团队合作。今天的教育形势下，我们教师要引领学生提升自己的核心素养，引领学生学会认知（learn to know），学会做事（learn to do），学会合作（learn to live and work together），学会做人（learn to be）。

第三章　现代外语教学的基本模式

随着社会生活的信息化和经济的全球化，外语作为最重要的信息载体之一，已成为国际交往和科技、文化交流的重要工具。适合学生学习的现代外语教学的基本模式就成为学生外语学习的重要内容之一，使学生可以更好地了解世界，学习先进的科学文化知识，传播各国文化。本章分为任务型外语教学，探究式外语教学，体验式外语教学，情景再现式外语教学，国内典型外语教学模式五个部分。主要包括：现代外语教学各种模式的形成、概念、教学模式及应用等，中国外语教学发展历史及趋势，中国特色的英语教学方法等内容。

第一节　任务型外语教学

一、任务型教学法的形成

任务型教学法自诞生至今也不过 30 多年的历史，但其发展非常迅速。任务型教学法的研究始于 20 世纪 80 年代，普遍观点认为印度的珀拉胡（Prabhu, N.S）是研究任务型教学法的第一人。他通过做一个实验，提出把学习内容分解为若干个任务，让学习者在完成任务的过程中进行学习，为此他提出了一系列观点，这被认为是任务型教学法的雏形。

此后，坎德林（C.Candlian）和布瑞恩（M.Breen）改进了珀拉胡的理论，他们给教师提出了更艰巨的任务，即要求教师为学生提供可供选择的活动和任务，可见他们更重视用任务型教学法设计课程。再后，著名学者郎（Long）、英国语言学家威利斯（D.Willis）、伦敦大学名誉研究员彼得·斯基汉（Peter. Skehan）将任务型教学法不断完善，逐渐发展成为得到普遍认可的一种方法理论体系。

任务型教学法的关键概念是“任务”，对于这个词的解释成千上万，追溯到最早的这些研究者们给“任务”下的定义。最早给“任务”作明确定义的是西方教育和语言学家迈克尔·郎（Michael H.Long），他认为“任务”是“一件事情，为自己做的，或者为别人做的；随意做的，或为一定回报做的”。“任务是一个行为或活动，它是语言处理或语言理解的结果，即一个反映”，澳大利亚语言学家大卫·纽南（David Nunan）认为，“任务等同于‘使用语言获得和表达意义以达到特定目的’的交际活动”。在“任务”定义的基础之上，斯基汉提出了“任务”的四项标准，即任务要有意义、要有需要实现的目标、活动需要结果评估、与现实世界有紧密联系等，使任务的定义更加清晰。新西兰奥克兰大学应用语言研究与语言学学院埃利斯（Rod Ellis）教授认为，“任务”最主要的意义是关注，同时也提出“任务是一种工作计划，要求学习者在实际运用中处理语言，获得某种结果，对结果的评估可以看它是否正确或恰当地传达了命题的内容”。

根据以上学者对任务的理解，将任务型教学法中的“任务”定义为：它是一种有目的、有计划的语言交际活动，是由教师布置任务，由学习者完成任务，教师要从学习者的角度出发，真正考虑学习者的需要，给他们提供适合的任务，任务要具体，结构要清晰，学习者完成任务是为了达到语言学习的目的。

任务型教学法就是通过引导语言学习者在课堂上完成任务来进行教学，该教学法着重于发展学习者的沟通能力。在任务实施的过程中，通过参与、互动、交流合作等方式，充分发挥学习者自身的认知能力，调动他们已有的目的语资源，在“做”中学、“用”中学，是一种有效的教学方法，尤其对于外语和第二语言的学习，其作用不可小视。

印度语言学家珀拉胡在交际法的基础上提出了“在做中学”，认为课堂教学要以任务的形式呈现，这被认为是任务型教学法的雏形。但任务型教学法正式形成的标志是1989年澳大利亚语言学家纽南《交际课堂的任务设计》一书的问世，文中通过多个角度分析了外语交际学习任务的性质、结构、作用等问题。

任务型教学法在我国的发展主要是近20年的事情，其开端始于1998年夏纪梅、孔宪辉提出的任务型学习的重要思想，也是他们正式将任务型教学法引入中国。2001年，国家教育部发布的《英语课程标准》明确倡导在中学英语教学中应该采用任务型教学法。

综上，任务型教学法诞生在国外，在我国的起步较晚。但是通过教学实践和阅读文献发现，任务型教学法是当下比较流行的一种教学方法，非常适合外语教学。基于对前人成果的总结，任务型教学法是将课堂教学和完成任务结合起来，“任务”须是现实生活中真实存在的，课堂上完成的“任务”，可以是真实的，也可以是模拟真实的。

二、任务型教学法的基本原则

任务型教学法的主要任务是发展学习者的语言能力，提高他们在实际生活中的语言综合运用能力，通过任务激活学习者的学习热情和学习主动性。在任务设计的过程中，要遵循一些基本原则，这样的任务才是科学的、合理的、有效的，任务型教学法的实施最终才能达到预期的教学效果。

（一）真实性原则

真实性就是将真实的材料引入到学习中，为了让学习者能在最接近实际生活的环境中去交际，真实性原则要求课堂上的任务应该是接近现实生活的各类活动，即设计的任务是现实生活中真实存在的，这样在运用语言时才能真切感受、有的放矢。比如《发展汉语》中级口语课中的“我想办张银行卡”“我迷上了网上购物”，在设计这两节课的任务时，就需要学习者最好亲自去银行办一张银行卡、真正在网上完成一次购物经历。在课堂上需要完成这个任务时，可以采取模拟真实的方式。

（二）连贯性原则

在现代外语教学中的教学任务是具有连贯性的，任务之间是相互衔接的，教学任务根据教学内容和教学时段制订具体的教学任务，后一个任务是前一个任务的延伸，具有统一的目的和主题。同时，学习者的语言输入也要注意连贯性。为了让学习者在任务与任务间的语言输入具有连贯性，就需要教师在设计任务时，任务的场景要具有高度的相似性或者连续性，使学习者在前一个任务中习得的语言能力，会在接下来的新的任务中不断重复，在新任务中又开始习得新的语言和学习新的内容，这样学习者每一个任务的完成都是温故知新的过程，使他们不断提高语言的流利程度。

（三）实用性原则

学习者学习知识的目的就是在实际中应用，所以课上的学习要为课后的运用打下良好基础，这就要求课上的任务需要和实际生活有所联系，保证教学任务的完成。任务型教学的实用性，还体现在任务设计的形式和完成效果上，要考虑难易程度，避免设计那些远离生活或不切实际的任务。

（四）可操作性原则

可操作性是指在课堂任务的设计中，教师应该考虑任务在课堂实践中的可操作程度，尽量避免复杂环节过多，“精心设计可操作的任务是成功组织任务型教学的首要条件”。要为学习者提供任务的操作模式，设置与学习者学习水平相一致的任务，让学习者花费尽量少的时间和精力去完成课堂任务，以调动学习者的积极性和学习热情，避免产生畏难、厌学等情绪。教师在任务设计时如果难度超过学习者目前掌握的水平，不仅加大了任务难度，增加了学生学习的困难，而且不能完成既定的教学任务。因此，教师要充分考虑学习者的学习水平、能力水平、性格特点等，合理安排任务，在适当的情况下提供学习方法和资料，使学习者能边学边做。

任务型教学是一种很理想的教学，即通过大量的语言输入和语言输出及其真实的语言使用，实现学习和掌握语言的目的，它可以激发学习者的学习动机和学习主动性。在语言的输入与输出过程中，都是通过完成任务来实现的，这实际上是给教师和学习者都提出了比较高的要求，教师要依据上述诸原则合理布置任务，学习者要掌握大量、尽可能丰富的内容，足够其完成语言输入与输出的任务。

三、任务型教学法的教学模式

近年来，任务型教学模式成为教育工作者不断探索的领域，取得了一些研究成果。如印度语言学家珀拉胡模式、英国语言学家威利斯模式、著名应用语言学家斯基汉的模式、新西兰英语教育学专家埃利斯模式等等。在这些任务型教学模式中，选取被较多使用并被广泛认可的 Willis 模式和 E1lis 模式做一介绍。

（一）Willis 的任务型教学模式

英国语言学家威利斯的任务型教学模式，将任务型教学过程设计为三个阶段，即前任务阶段、任务环阶段、语言聚焦阶段。前任务阶段的目的是让学习者根据教师布置的要求做好任务的准备工作，调动已有资源，减轻认知压力。任务环阶段是学习者语言习得的关键阶段，也是任务的计划及完成阶段，这个阶段让学习者对任务有了初步认识。语言聚焦阶段是一堂课的收尾阶段，其目的是引导学习者认识相关语言形式，对任务结果进行总结分析，提供重复执行任务的机会。三个阶段相互配合，旨在帮助学习者顺利完成任务。

Willis 的任务型教学模式如图 3-1 所示。

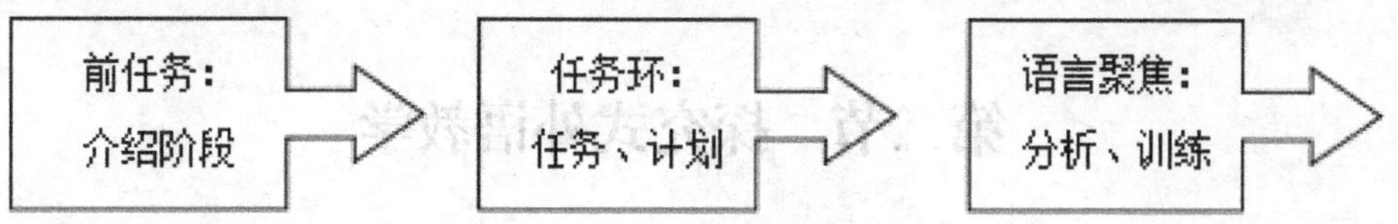

图 3-1 Willis 的任务型教学模式

（二）Ellis 的任务型教学模式

新西兰英语教育学专家罗得·艾利斯（Rod Ellis）在 2003 年提出的任务型教学模式，将任务型教学过程也分为三个阶段，即任务前阶段、任务中阶段、任务后阶段。

艾利斯认为，在任务前阶段主要是对任务进行介绍以及做前期的准备，在此阶段教师要考虑学习者的具体情况，充分激活学习者脑中已有的背景知识和语言知识，同时提供相关合适的模板供其有效开展工作。在任务前阶段教师需注意两点：任务的目标要明确，让学习者更清晰地开展任务；根据任务的难易程度合理分配时间。任务中阶段是整个任务型课堂教学的中心环节。

在任务中阶段，教师将学习者按照具体任务的要求分成小组，学习者在组内完成相对应的任务，在活动过程中教师要不断巡视，同时要注意开展活动的时间限制，可以选择在课堂上布置任务，也可以提前一周或者一节课布置任务，并在合理安排时间限制的同时，适当为学习者提供相应的帮助。

在任务后阶段，学习者通过重复任务、小组报告与反思等方式引起对语言形式的注意。艾利斯的任务型教学模式如表 3-1 所示。

表 3-1 Ellis 的任务型教学模式

任务阶段	教师任务	学生任务	教学活动举例
任务前	介绍、引入	倾听要求 做记录	头脑风暴 词汇补充 语法讲解 任务示范
任务中	监督、帮助	分工 讨论 完成任务	各类教学活动
任务后	评价、总结、归纳	展示任务 总结经验 学习必要知识点	评价 重要语言点讲解 第二次展示 必要练习

第二节　探究式外语教学

一、探究式教学的概念

探究式教学是指学习者在学习知识和概念时，教育者仅仅给他们提供必需的事例和启发性的问题，让学习者通过阅读、思考、讨论、实验、观察等途径来进行主动探究，通过主观的努力发现并掌握相应的原理和知识。这种教学方法的特点是以教师为主导，以学生为学习的主体，学生在教师的指导之下主动地研究，了解客观世界运行的规律，学习解决问题的一般办法，发现存在于事物之内的必然联系，并最终理解自然界普遍的规律，建构属于个体的经验和学习策略。

美国教育家约翰杜威曾提出，教育不仅仅是要让学生学习大量的知识，更重要的是习得科学研究的过程与方法，他主张教学过程中要注重“以学生为中心，从做中学”。中国有句古语“授人以鱼不如授人以渔”也是提倡这个观点。这样的教育主张对我国许多教学课堂是一种革新，抛弃掉“填鸭式”的传统讲授，以学生为主体，教师为主导的课堂教学才能真正实现“授人以渔”。

根据杜威的主张，探究式教学法的基本教育过程为：暗示—问题—假设—推理—验证。发展到现在，探究式外语教学可以概括为给予学生充分的时间、空间进行主动参与、自主探究这样的活动，老师作为引导者，设置各种各样的情景让学生发现问题、分析问题和解决问题。这样的教学活动更能够发挥出学生的主观能动性，学生也能够将自己的认知结构实现价值最大化。

二、探究式教学的研究现状

探究式教学在国外最早可以追溯到苏格拉底所提倡的“催产术”，就是用问题来指引学生开展思考并总结结果的方式，美国杜威在20世纪初正式提出探究学习理论，并在学校教学中开始应用探究方式。李平的研究中指出，皮亚杰在1925—1940年通过对儿童认识的研究提出认识阶段理论，给探究学习补充了心理学的基础。钱佳宇的研究中指出美国的布鲁纳在1961年提出学习理论，认为探究学习可以实现不断地创新，这一理论的提出指引国际上很多国家开始以探究学习为基础开展教育课程的改革，对基础教育模式开始重新建构。

美国和英国的“国家科学教育课”都对探究式教学模式进行大力倡导。因此可知，探究式学习在各个国家不仅是一种学习方式，更是推崇到教育领域，开始成为课堂教学的主要模式。国外的教育家和科学家对探究式教学的研究起步都要比国内早，在理论研究和实践验证方面已经取得了很多研究成果，对我国教育的改革有着指引作用。

江毅提出，国内对探究式教学的起源，最早可以追溯到春秋战国时期的孔子所提出的“敏而好学，不耻下问”其中的“问”字，这就要求学生自己对问题主动探究。宋代教育家朱熹提出，学生在学习和读书的时候，最重要的就是可以发现问题并能够在自主学习和探索中解决问题，这样才是真正的学习和长进。因此，教师的作用就是对学生自主思考问题的引导，因此教学的切入点就是疑问，重点就是学生对疑问的主动探究，然后才能掌握和收获知识。由此可见，在古代，我国就已经树立起了探究式学习的思想。

在近代，为探究式学习做出推广作用的是陶行知和蔡元培。国富研究中总结陶行知的“五个解放”理论，其中“解放学生的头脑”就是提倡去培养学生独立思考的能力，“解放学生的双手”就是重视学生的实操能力，“解放学生的嘴”就是鼓励学生将自己的问题及时地表达出来，“解放学生的空间”就是引导学生去亲密接触社会和自然，“解放学生的时间”就是鼓励学生花费更多的时间自主探索所提出的疑问。蔡元培提出在教学中，最好的教师就是“兴趣”，老师在教学过程中，应该摒弃“填鸭式教学”，应该根据学生的学习兴趣，最大限度地鼓励学生的自主研究，当学生在自主探索过程遇到困难的时候，教师的画龙点睛可以起到很好的教学作用。在蔡元培和陶行知两位大教育学家的理论基础和实践基础上，很多学校和教师开始在实际教学过程中推广探究式教学理念并开始探究式教学的实践。很多课题组在对美国探究式教学借鉴的基础上，开始对探究式教学进行含义、特征及原则方面的研究，比如王之江等人的著作《探究学习在英语教学中的应用》，比如靳玉乐的著作《探究教学的学习与辅导》。以上这些研究，从理论、本质、评价、模式和条件等方面对探究式教学模式进行了非常详细的研究和描述。

近年来，就英语学科而言，探究式学习在教学中被广泛应用。在英语教学中应用探究式教学模式也有很多。陈宏通过研究探究式教学对学生阅读能力的影响，指出探究式学习是以学生为中心的教学，与以教师为中心的教学相比，由于让学生能够积极主动地参与到英语阅读中来，学生的英语阅读进步很快。罗萌通过对高中生英语阅读使用探究式教学的应用发现，在高中英语阅读课程中，探究式教学可以提升学生的英语阅读能力，促进学生的自主发展，并且学

生之间还能够将自己探究学习到的知识进行互相分享，完成主动学习。刘玲认为，在高中英语课堂中英语探究式教学，能促进学生学习能力的发展，提升学生综合学习能力。李学书、谢利民探讨了英语教学探究性学习中学生主体性的重要意义以及如何发挥学生的主体性。林彩丹结合高中英语阅读教学现状，讨论了高中英语阅读教学中探究式学习的应用策略。朱萍结合具体教学实例说明了小学英语教学中如何高效地开展探究式学习。许晓红通过具体教学例子阐述小组合作探究式学习的条件及应遵循的原则，如何划分学习小组、尊重学生主体作用的发挥以及如何创造合适的问题情境。

探究式学习注重学生的主体地位，着重学生获取知识的过程，便于学生能够从研究中掌握知识，能够很好地提高学生的自主学习探究乐趣，提升学生自身学习能力。在英语阅读课中把探究式学习、提高学生的探究式学习能力以及课堂活动结合起来，而且教师为学生设计问题能够引导学生有针对性地进行探究，避免学生多走弯路，充分利用时间。探究式学习多应用在理科学科，近来也应用在英语学科中，但多是从理论角度和课堂整体的应用角度。

三、探究式英语写作教学实践应用

就英语课堂而言，探究式教学被越来越多的英语教师所青睐，尤其是阅读教学和写作教学。大多数青年教师在学习和教学中所接触到的也是非传统的英语教学，在英语阅读课堂上，探究式教学可以按照“情景导入—自主探究—小组讨论—归纳评价—小结反馈”这样的教学流程进行，将学生放在主体位置，充分培养学生独立思考的能力和协作学习的能力，充分利用学生的认知结构，挖掘学生的发展潜力。探究式教学模式完全打破这样的旧教学。学生写、学生评、学生改，教师始终是在一个主导者的身份。综合阅读和写作，利用阅读促进写作的课堂教学形式更能适应探究式教学，不需要教师再进行一次情景导入，而是顺其自然地从阅读过渡到写作。

在教育信息化发展如此迅猛的背景下，这也为探究式教学创造了有力的发展环境，利用多媒体等先进设备，探究式教学改变了教学信息和内容的组织和呈现方式，同时也打破了常规教学的局限，为学生自主学习和思考创造条件，实现了教学过程和教学质量的优化。

（一）教学过程

探究式英语写作教学通常以“阅读—分析—写作”三个步骤进行。第一节课是写作中的“读”，即课前阅读。第二节课是写作中的“写”，即英语写作和写后评价。探究式英语写作教学模式如图 3-2 所示。

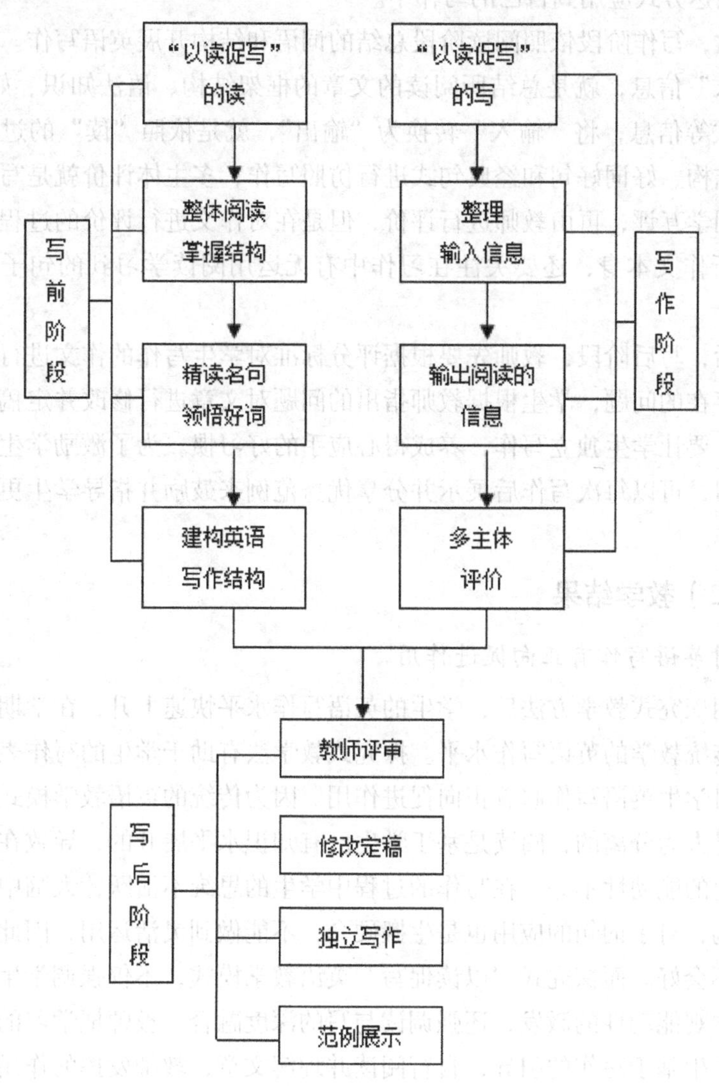

图 3-2　探究式英语写作教学过程

首先，写前阶段，即阅读阶段，教师可以从文章整体结构和词句细节两个方面开展教学，各自通过泛读和精读的形式实现。在泛读阶段是使学生能够掌握文章整体结构，了解文章大概文意，可以通过提问的方式进行阅读指导。在精读阶段，详细分析文章的中心思想、中心句、词组和连接词，帮助学生将文章图式在头脑中构建出来。在泛读和精读完成后，让学生将学到的文章作为写作范文对英语写作结构进行建构，在建构的时候要将文章框架设计、结构组织和语言表达方式应用到自己的写作中。

其次，写作阶段依照阅读阶段总结的词语和结构开展英语写作。整理阅读的“输入”信息，就是总结所阅读的文章的框架结构、语法知识、好词好句、经典句式等信息；将“输入”转换为“输出”，就是依照“读”的过程中总结的篇章结构、好词好句和经典句式进行仿照写作；多主体评价就是写作完成后先实施同学互评，再由教师进行评价，但是在对作文进行评价的过程中要注意不仅分析作文本身，还要关注在习作中有无运用阅读学习到的句子、结构和知识。

最后，写后阶段，教师先要根据评分标准对学生写作的作文进行评审并指出文中存在的问题，学生根据教师指出的问题对文章进行修改并定稿，在写作过程中，要让学生独立写作，养成得心应手的好习惯。为了激励学生对英语写作的学习，可以每次写作后展示并分享优秀范例来鼓励并指导学生更好地进行英语写作。

（二）教学结果

1. 对英语写作有正向促进作用

采用探究式教学方法后，学生的英语写作水平快速上升，在学期末已经远远高于传统教学的英语写作水平。探究式教学法有助于学生的写作表达能力的提升，对学生英语写作起着正向促进作用。因为传统的英语教学模式下，阅读和写作是人为分离的，阅读是基于学生已有知识水平展开的，导致在阅读的过程中学生的能动性不好，在写作的过程中学生的思维不活跃，大脑中构建不起写作结构，对于词句的应用也是生搬硬套，不能做到灵活运用，因此英语写作成绩就不会好。而探究式“以读促写”英语教学模式，不仅强调学生在课堂上学习的主观能动性的激发，还强调读与写的深度融合，教师把学习的主体定为学生，学生基于写作的引导，自行阅读并理解文章，教师发挥的作用是对语境分析的引导，让学生在自主探究中便可以学习到阅读中的知识，这是一种知识的输入，然后激励学生在写作过程中将阅读输入的知识输出出来，就有了较高的写作水平和写作能力。这种新的教学方法，可以促使学生在阅读的时候通过对写作的思考更好的学习所阅读的范文中的词、句、意，更好地分析所阅读范文的写作结构，这样也可以提高阅读的能力。可以促使学生在写作的时候通过对阅读学习的思考将范文中的结构、词句等进行灵活的运用，进而有了写作能力的提升。在探究式“以读促写”教育教学过程中，教师课前进行科学的教学设计，尤其是与探究式教学模式相契合的教案和教学活动的设计，课堂上给予学生更多的时间和机会，把控好教学节奏和活动的开展时间，课后及时进行作业反馈，及时将学习结果和作业情况与学生沟通，给出指导和建议。

2. 改变学生英语学习的态度

在实施探究式教学后，学生对英语阅读和英语写作有了更高的学习兴趣，有了更强的自信，学生普遍表示很喜欢这种教学模式，很享受英语课堂。“自主探索”和“可理解性输入”是探究式英语写作课堂的精髓，教师在授课过程中，在学生已有的知识水平下，对学生阅读进行引导，通过泛读、精读等学习过程，帮助学生在脑海中建构起英语写作的框架，学生写作的过程就会变被动为主动，能够在较大的写作空间里发挥自己写作的自主性，积极性会得到很大的提升。因此，探究式英语写作教学模式极大地激发了学生对英语学习的浓厚的兴趣，能够在学习的过程中自主地去深入思考，自主地去分析文章，自主地将在阅读中总结的知识精髓应用于英语写作中。由此可见，在学习的过程中学生的态度是非常积极的，因为这种好的教学模式激发了学生的学习兴趣，进而也提高了学生的学习成绩。

（三）教学启示

1. 课堂教学

探究式教学的实施将会影响课堂教学效果。

（1）合理控制时间

基于探究式学习的顺利展开，离不开教师对教学进度的把控，教师应充分合理的利用时间，问题链中简单问题需要课下完成，难度较大的问题需要课堂上探究，应用性的问题，根据实际情况，灵活处理，以完成教学内容。

（2）有效控制过程

课堂教学中，学生对问题的反馈以及课上的反应往往是动态的，教师应根据教学的实际情况进行有效的控制，对课堂中学生的探究实行实时监控，对学生遇到的难度较大的问题应予以启发、指导，以提高探究效率。课堂中，在解答问题的过程中，生成新的问题在所难免，要求教师能够合理控制。

（3）注重学生的参与度

为了改善课堂效果，调动课堂中学生的学习兴趣尤为重要。单纯解答问题链有时可能让学生感到枯燥，教师可以有一个精彩的导入，吸引学生的注意。教师也可以采用分组竞赛的形式，在有限的时间内答对题目最多的算取得胜利，或者小组成果表演展示，通过这种方式既培养学生的合作能力又促进学生对文章深层次的理解，此外还能提高其他各方面能力。

2. 探究式教学中教师的作用

在传统的英语课堂教学中，主要是老师讲授，有些课堂师生互动性较差，有的甚至将英语听说课上得鸦雀无声。很多教师也将读写课上成语法课，学生掌握到的读写技巧很少。而探究式教学模式下的读写课，不仅给予学生更多的时间进行阅读，而且也让学生有了思考和表达的机会，这样的教学才使得学生愿意读写，变被动为主动，使其写作水平得以提升，实现了授之以鱼，更授之以渔。这也启示广大人民教师在今后的教学工作中，应做到以下三点。

第一，根据学生认知结构进行科学的教学设计。如果我们的教学对象基础差异较大，在进行教学设计时要充分考虑学生们现有的认知结构。可以是同一个话题，给出不同等级的写作要求；也可以是不同的学习小组完成不同难度的话题。

第二，写作教学不是为考试而教和学，而是一种创造。写作任务从来不应该是一个强制任务，有的学生会觉得写作是一件困难的事情，自己的写作能力欠佳，正是因为老师和学生都把写作当作任务来完成。在探究式写作教学过程中，读写间的连接是自然的，换句话说，学生在阅读了具有一定主题和思想的文章之后，也能将自己的所感所想表达出来。这应该是一个充满未知和趣味的创造性的过程。而学习者在这个过程中所获得的乐趣可以驱动其再创造，长此以往，学习者的写作水平就提升了，表达的欲望也更强烈了。

因此，探究式“以读促写”英语课堂在对每一篇课文教学的时候，可以设计以下步骤体现探究式学习和读写教学结合：首先，教师带领学生学习新的单词；然后学生分组阅读课文并找出好词好句；然后小组分享好词好句并运用好词造句，运用好句模仿写作自己想要表达的一件事情；最后，教师对小组的好词好句进行补充分析，对学生的造句和写作给出肯定和建议。这种方式在英语阅读中融合了英语写作，可以帮助学生更好地吸取阅读的知识，用以写作表达。探究式英语课堂中英语写作教学的时候，教师批改完成后将优秀习作按照以上阅读教学步骤进行课堂学习，总结习作中的常见问题，用以警示学生并巩固课堂知识。

第三，给予学生更及时和符合个性发展的作文反馈。在教学过程中，及时反馈对教师和对学生而言都是非常重要的。在听说课上，师生可以直接在课堂的对话间解决大部分问题，但是读写课在课堂上更强调独立思考和小组合作，学生的作文反馈一般留在课后，这也就需要教师做到及时批改和反馈。针对不同认知的学生，教师还应该做出不同等级或类别的反馈评价。例如，面对认知水平较高的学生作文，教师只需要指出问题；面对认知水平一般的学生作文，教师还应该给出修改建议；面对认知水平较低的学生作文，教师应该在给出建议的同时指导学生修改，并且帮助学生掌握如何正确、恰当地进行书面表达。另外，教师在进行作业反馈时可以适当给予一些鼓励和激励的话语，帮助学生身心健康发展。

第三节　体验式外语教学

一、体验式教学的基本内容

（一）体验式教学的含义

体验式教学指学习者亲身介入实践活动，通过认知、体验和感悟，在实践过程中获得新的知识或技能的方法。它强调学生的感悟和体验，要求学生充分运用已有的知识与生活经验，在对新情景感知的基础上，通过体验获得新知识。体验式学习注重为学习者提供真实或模拟的情境和活动，让学习者在人际活动中充分参与来获得个人的经验、感受并进行交流和分享，然后通过反思和总结获得经验的提升，形成理论或成果，最后将理论或成果应用到实践中。体验式学习对培养学生健康的心理素质和积极进取的人生态度，增强团结合作的团队意识起到积极的作用。

如果说体验式学习是以学习者的学习活动为研究对象，那体验式教学则是从教师的角度来研究教学活动的设计，以促进学生的自主发展。教师通过精心设计的活动让学生体验或者对过去经验进行再体验，引导体验者审视自己的体验，积累积极正面的体验，达到对对象本性或内涵的一种直觉的、明澈的透察，使心智得到改善与建设的一种教学方式，是通过实践来认识周围事物，用亲身的经历去感知、理解、感悟、验证教学内容的一种教学模式，是“以学生为中心”“以任务为基础”，让学生通过具体体验来“发现”语言使用原则并能够应用到实际交流中的教学方法。

体验式教学就是要通过构建学习环境强调学生的自主体验，教师能够帮助创设一种积极的认知情境，构造平等融洽的学习气氛，促使学习者运用自己的

经验和已有的知识背景来获取新知，完成知识处理和转换并构建自己的知识结构，是指教师以一定的理论为指导，让学生亲身去感知、领悟知识，并在实践中得到证实，从而使学生成为真正自由独立、情知合一、实践创新的“完整的人”的教学模式。体验式教学把教育的对象看作是具有完整生命意义和情感的人，而不是单纯的认知主体。

（二）体验式外语教学的特点

在外语教学中，我们需要了解和掌握体验式外语教学的基本特征，具体表现在以下几个方面。

首先，呈现虚与实相结合的情境，强调学习者在新的情境中通过实践、考察和体验获得特定的体验，情境可以是真实的（如亲近自然），也可以是虚拟的（如经历悲伤）。体验式教学的情境反映了学生在特定情境下的体验过程。教师只有根据学生的学习内容为学生创造适当的丰富情境，才能激发学生的学习兴趣、自主学习和即兴学习的内在动机。总之，学习者是现场的参与者，而不是集体场景中的旁观者。

第二，体验式教学介绍了学习过程的经验、反思和交流。体验是体验的本质，它可以分为两个方面：一是实践体验（如角色扮演、动手体验等）；二是心理体验，即学习者在虚拟语境中的个人体验。作为心理感同身受的理解，对个人体验的回顾与反思。作为一名学习者，学生首先关心自己的学习，这样，他们就可以体验到发生了什么，然后才能了解情况。

反思是一种学习能力。学生必须反思自己的学习，只有通过反思的经验才能升华到一定的高度，并影响以下行为。例如，在英语课堂上，学生们相互讨论，这是教师和学生之间的共存和交流的过程，也包括学生和学生。学习者在问题情境中进行讨论和交流，同时分析并履行分组自主学习的职责。

第三，强调学生的主体性和个体差异。以学生为中心的教育强调学生的主体地位，重视学生在学习活动中的地位。学生的主体性包括：学生能够独立地做出判断，进行批判性的反思，有效地将判断与反思结合起来，形成自己的思想。学生的主体性是不能抹杀的，而在传统的填鸭式教学中，学生的思想是被束缚的，他们对自己的学习不负责，而不是标准的学习，每个人都作为一个独立的个体存在于世界上。个体与个体之间存在着差异。学习者作为学习个体，对于同一学习对象，即使在相同的学习环境中，也会得到独特的体验和差异。

最后，体验式教学介绍了学习的作用。实践是体验式教学最

基本的特点，体验式教学强调学习者参与活动，要求学习者做事情、锻炼大脑、谈论知识，也就是把科学的基本知识和日常生活问题结合起来，让学生观察、探究、反思，得出最终的结论。二、体验式教学模式和方法

体验式教学的模式和方式多种多样，教师要在教学内容中融入学生的年龄特点和需求，选择适当的方法和切入点，创设恰当的体验学习情境，让学生在和谐的学习活动中体验、感悟和认知，既保证体验学习的时效性又保持体验学习的多样性，使每一次体验教学都成为学生对客观世界的领悟，对生命意义和生命价值的体验。

（一）反思回味式

学习主体通过现象.联想、记忆，把自己经历中最值得珍视的生活事件（包括成功、失败、快乐和苦恼）进行过滤和反思，即从心理层面上重新“经历”主体以前的经历，以引发相应的体验，这样的体验具有回顾和反思的性质，这种“自我再体验”就是反思回味式，如追忆情景体验法。

（二）心理换位式

让学生从心理层面上去亲历或模拟某个角色，从中体验与该角色相符的思想，观点、情感和行为；或虚拟自己经历了某件事，联想事情的前因后果，从中体验事件的意义。也就是主体从心理上扮演他人的角色，虚拟“经历”他人的“亲身经历”，这样的体验具有移情的性质，这种移情性地对他体验就是心理换位式，如角色扮演体验法、学生讲课法、换位体验法。

（三）交流互动式

让学生在相互交流、讨论中，在不同意见的碰撞中去领悟学习内容中只能意会的知识。这种体验的教学形式多为在学生充分准备的基础上，以小组为主要形式开展学生间的相互交流、讨论。教师要设计恰当的讨论主题，主题可以由教师提出，也可以由教师引导学生提出，如体验交流法。

（四）情景沉浸式

在教学中教师根据特定的教育内容和学生实际设计某种情景，如恰当运用实物演示情境，借助图像再现情境，播放音乐渲染情境和扮演角色体会情境等手段，强化学生的情感体验，让学生在这种情景与学习内容的结合中产生联想和情感的共鸣，从而领悟学习内容中只能意会的知识。教师的重要任务是如何

巧妙设计情景，使大多数学生都能沉浸在情景中，发生联想和产生情感的共鸣，这就是情景沉浸式。

（五）实践活动式

这是一种本原性体验，就是体验主体在实践意义上亲身经历某事并获得相应的知识和情感。实践活动式主要包括社会实践法、课内外主题活动体验法、课内外探究活动体验法、实践体验法等。教师要尽可能将课堂延伸到课外，使学生所学知识、兴奋点、疑问点均能伴随学生走出教室融于学生的课外生活中，开展相应的第二课堂和社会实践活动，能使学生在活动中得到内在情感的体验和升华。

（六）艺术陶冶式

组织学生在艺术陶冶中激发起他们的体验。艺术是对生命体验的表达，如果说科学的世界是人类理性的世界，那么艺术的世界就是人类情感的世界、体验的世界，艺术作品是人类情感的表现形式。活动需要教师从教学要求角度设计，并给学生以帮助和指导。实践活动和研究性学习的研究主题可以由老师给出，但应当给学生一个自由选择的余地。

第四节　情景再现式外语教学

一、情景教学法的概念

情景教学法又被称为视听法，它是在直接法和听说法的基础上，利用视听手段形成的教学法。这种教学法强调设计应用性的场景，追求实用和真实性，被广泛认为是为一种能够提高课堂效率的教学方法。首次正式在国内进行情景教学实验的李吉林老师认为，情景教学是以生动的直观与语言描绘相结合的手段，创设典型的场景，激起儿童热烈的学习情绪，从而促其主动参与教学过程的一种教学模式。

根据国内外专家学者对于情景的不同概念界定，情景教学法就是教师根据学生的特点，结合教学内容，利用多种方式，有目的地引入或者创设一些具体、生动形象的场景，为语言功能提供充足的实例，并活化所教语言知识，引起学生一定的态度体验，旨在激发他们的学习热情和学习兴趣，从而帮助学生理解运用语言、发展能力、启迪思维、培养情感的一种教学方法。

二、国内外对情景教学法的研究现状

1929 年，英国著名教育理论家怀特海（Alfredv.Whitehead）提出："在无背景的情景下获得的知识，经常是惰性的和不具备实践作用的，因而不能解决实际问题。"这为情景理论的萌芽产生奠定了基础。20 世纪中叶，法国著名教育学家古布里纳（P.Guberina）和古根汉（G.Gougerhein）提出情景教学法，他们主张采用幻灯和图像等方法，强调视听在语言情景中的作用。这与 20 世纪 60 年代美国出现的认知法具有共同的特点，同时强调广泛运用视听教具，创设视听情景，达到教学过程具有一定的情景化教育、交际化教育和一定的意义。

1987 年，美国心理学家瑞兹尼克认为"校内学习是个性化的和抽象的，而校外学习是合作的、情景化的、具体的"。由此，掀起了国际学术界知识观更替的风暴。此后，以此为代表的情景知识观成为国外教育专家和学者的研究热潮。

1990 年，由美国的范德堡大学（Vanderbilt University）匹波迪教育学院（Peabody College）认知与技术小组（Cognition Teclubloey Group Varudeibilt—CTGV）在约翰 · 布朗斯福特（John Bransfoul）的领导下，在美国的各州进行大规模的情景教学实验，并逐渐形成自己的教学模式——抛锚式教学。这种教学中创设有趣、真实的背景以激励学习者对知识进行积极的建构。

情景教学法在 20 世纪 70 年代被引入我国，并得到了广泛应用。首次正式在国内进行情景教学实验的李吉林老师自 1978 年起做了一系列的实验与研究。他认为，情境课程在教育教学中的四大作用分别为：对知识进行系统的整合、对学生进行情感的熏陶、启发学生的智慧、全面激励学生对于学习的自信心。

20 世纪 80 年代，华东师范大学外语教育学章兼中教授就总结出了关于情景教学法的理论，认为学生学习外语，首先要在听说教学的背景下，去了解语音规则、意义、结构和使用语言的能力，在此基础上培养学生的理解和掌握语言的能力。由此，情景教学法正式应用于我国的英语课堂教学，随后我国的教育专家、学者以及许多一线教师开始逐渐进行关于情景教学法应用于初中英语教学的研究。

三、情景再现是外语教学的基本内容

（一）情景再现的方法

①直观教具。这包括具体实物、图片、简笔画、幻灯片、电影等，教具的使用可以引起学生的注意和兴趣，使课堂变得生动有趣。

②具体实物。这是指生活中常用的各类物件，利用生动形象的这些物件，可以立即引起学生的注意，激发学生的学习兴趣。

③体态语。利用身体语言传递信息，辅助教学。

④简笔画。简笔画形象、生动、幽默，活跃了课堂气氛，提高学生注意力和记忆力，又有利于促进运用语言能力的形成。

⑤表演法。在教学过程中教师和学生都可以通过表演的方式展示教学内容、展示自我，调动师生的课堂教学积极性。

⑥言语描述情景。应用在学生积淀了一定的词汇和语法知识后，学生通过言语描述自如地进行语言输入和输出，培养学生的思维能力。

⑦游戏。游戏特有的趣味性、知识性和灵活性贴合学生的心理发展特点，调动学生参与游戏的积极性，从而完成"做中学"的教学任务。

（二）情景教学的一般程序

1. 情景创设

教师根据模块的学习主题、交际功能和学习目标，创设出问题情境，让学生思考如何解决情境中存在的问题并引出当堂课的学习目标和重难点内容。情境的创设一定要结合日常生活且具有吸引力，选取学生们生活中很可能会遇到的场景，让学生们感受到英语的学习是为了实际的应用，是为了解决实际生活可能会遇到的现实问题。同时通过教师创设目标情景，让学生们发散思维联想生活中类似的相关情景，进而举一反三，激发学生们的学习兴趣与热情，以及希望解决实际生活中的问题的愿望。情景的创设教师可以采取多种形式，如利用多媒体网络来展示文本、图片，播放音乐、视频等，或者教师口述创造情景或利用实物来创设情景。

2. 情景导入

在学生清楚学习目标、了解创设的情景后，教师可通过多媒体网络展示与所学内容相关的单词、句型、交际活动等。随着课堂的进行，教师可以运用语言、多媒体网络等多次强化情景，让学生置身于情景中，去观察、思考、探讨、发现等。在教学时通常的做法是若教材中出现的学习内容（如单词、情景对话等）可以在日常生活中找相同的或相近的，则尽可能选取实际生活中的素材；如果学习内容无法在日常生活中找到原型，则尽可能选取真实、有趣的素材。多媒体网络在课堂中的应用，打破了时空的界限，将学生们熟悉的场景，事物搬到眼前，将学生们不熟悉的事物，形象、直观的予以展示，带给学生多感官的刺激，增加了课堂的容量及趣味性。

3. 情景操练

随着教师授课过程的进行，学生在课堂中对所学知识有了一定的掌握，对所学内容有了一定的认知，此时教师要注重情景操练以便达到巩固知识的目的。新课程改革也指出，语言的学习要回归到应用上。在学生能自如应用目标语言于相关情景之前，对语言的操练必不可少，当然，这一过程还是需要在创设的情景中进行展开。在这一环节中，教师可以运用多媒体网络创设几个相关的不同的情景供学生练习使用目标语言，也可以精心设计一个难度适宜且富有趣味性的情景，在以多媒体网络辅助的条件下，使学生有深刻体会。

4. 情景运用

模拟真实场景，让学生创造性使用目标语言。简单的情景操练不能满足学有余力的学生的表达欲望，而且也没有对他们的语言能力及创造力有进一步的发掘，教师可以适当提高任务难度。首先，学生需要在教师的指导下，开动自己的大脑，运用课堂所学的语言知识展开独立的、小组合作的或者集体间的情景创设，其次需要学生展示设计的情景，此过程可以以多媒体网络为依托进行展示，比如运用Power point、Activ Inspire交互式白板触屏软件等，这也为学生的展示提供给了更多样的方式，最后教师对学生所创设的情景及语言的运用给予合理性、准确性和创造性等方面的教学评价。

（三）多媒体网络在情景教学法中的作用

在教学中使用情景教学法来有目的地引入或者创设一些具体、生动形象的场景，可以帮助学生理解运用语言、发展能力、启迪思维、提高兴趣、培养情感等，是提高教学质量的一种有效途径，而多媒体网络辅助语言教学，可以把文字、影像、图形、声音、动画等多种媒体信息动态地引入教学过程中，使学生在虚拟的学习场景中获得与现实世界较为接近的学习体验，加速学习与生活的融合。故利用多媒体网络来辅助英语情景教学是两种教学方式的强强联合，教师利用多媒体网络也为再现情景教学带了便利。

合理的运用多媒体网络辅助情景教学中的情景再现，有助于增加课容量，丰富课堂活动，增加学生在教师设置地尽可能真实的情景中自我表达的机会，清楚、直观地理解教材内容与教材中语言发生的情景，这对学生的基础知识与写作能力均有积极影响，进而对他们的综合英语成绩有所提高。同时，因为多媒体网络打破了时空的限制，创设了生动的课文情景，为学生们提供了多种吸收教学内容的途径，在课堂中利用此种方式教学，增加了课堂教学的趣味性与高效性。

多媒体网络辅助下的情景教学受到大部分学生的喜爱，学生们的学习兴趣、课堂积极性、课堂参与度与学习信心都有所提升，而且学生们处于较放松的状态，师生互动多，课堂气氛比较活跃，这也为他们学习知识打下了良好的心理基础。教师对这种教学方式也比较认可，教师上课体验也较好。总的来说，多媒体网络辅助下的情景教学有助于提高课堂效率，提高教学效果。

多媒体网络辅助外语情景教学，对学生的英语成绩有所提升。而对比传统教学法，多媒体网络辅助下的情景教学再现出了更多的优越性，多媒体网络辅助情景教学增加了学生知识的吸收渠道，创造轻松愉快的学习氛围、给学生更多应用英语的机会，同时，也潜移默化的扩大着学生们的知识容量，这对于学生们其他方面的发展也是大有益处的。多媒体网络辅助下的情景教学体现了以学生为主体的授课思想，使学生在仿真的情境中交际或完成任务，并最终达到英语学习目标。

（四）教师在情景教学中的作用

教师在这种外语教学中，起到示范、协调指挥、和监督作用，引导学生在情景中让学生模仿并回答问题，同时留意学生在课堂上的错误，这样教师决定了外语教学的难度和进度，也掌握了以后的外语课程重点。因此，教师在情景教学中起着主导作用，要加强教师各方面的综合素养。

首先，教师要加强学科修养，掌握学科最新进展并及时更新自身教育理念，将理论结合实际，将其应用于学科教学中来。

其次，教师要培养自身现代教学观念，不断提高自身的教学水平，不断更新现代教学中所需要的各种技能。在科技飞速发展进步的当今时代，教师要对现代教育技术有一定的了解，熟练地使用计算机，把计算机及网络当成一种授课工具巧妙地运用到课堂教学中去，这其中也包括对一些学习 APP 的使用。

再次，教师要精心备课。教师在备课过程中可以利用当今时代多种网络资源，借鉴网络上优秀教师的课程设计与授课方式，搜索和教学内容相吻合的微课、视频、音频、图片等，利用多媒体网络满足自身的课堂教学需要。

第五节　国内典型外语教学模式

一、中国特色的英语教学理论基础

（一）多元智力理论

由美国著名心理学家加德纳（Howard Gardener）提出的多元智力理论认为，人的才智总是具有领域具体性的，比如有些人专长文学，有些人专长数学，而数学专长与文学专长并无必然的联系。他认为，智力是在特定的文化背景或社会中解决问题或制造产品的能力。多元智力理论的提出受到了教育界的普遍好评，它促进了学校教学改革，完善了教学过程中对学生多方位的评价，有利于促进知识本位向能力本位的根本转变。

至今美国已有上百所学校自称多元智力学校，这些学校教育的基本特征除了个性化的学校教育、强调理解并学以致用的教育目的、重视师徒传授制外，还主张要通过多元智力渠道进行教学。如果教师能用各种方式呈现信息，为学生取得成功提供多种选择，就会大大减少他们的挫折和学业的失败。而作为一种多维立体化的外语教学手段，多媒体网络辅助外语情景教学运用文字、声音、视频、图像等多种形式，为学习者提供了一个更加多元并且真实的学习环境，利用多媒体网络辅助教学在课堂中所展示的文字、图表、空间图形、音乐、游戏、角色扮演、对话等，能够多面刺激学习者的吸收通道，充分调动学习者视觉和听觉的各种感官，去捕捉、理解语言信息，提升学习者的学习体验与参与程度。而对于那些考试成绩欠佳的学习者来说，相较于传统的以教师为中心的“讲词汇、课文、语法、组织操练、核对答案”的英语教学模式，这些形式多样的教学手段会因为激发他们某一方面的兴趣或因为某个教学活动使他们在某一方面的优势得以凸显，进而提高学生的学习兴趣，减少学习挫败感并更加积极地参与到课堂教学中来。但值得注意的是，利用多媒体网络辅助情景教学时，要合理利用媒介资源，精心设置教学情景，避免因学习任务的设计和信息的呈现方式给学习者带来认知负荷。

（二）认知心理学

认知心理学按照信息保存时间的长短以及信息的编码．储存和加工的方式的不同，把记忆分为瞬时记忆、短时记忆和长时记忆。瞬时记忆指的是一秒钟左右所能感知到的信息，它处理的信息量极大，但是保留时间也很短，转瞬即逝。而短时记忆是可以保持在一分钟以内的记忆，它长于瞬时记忆且短于长时记忆。短时记忆的容量有限。在美国心理学家乔治米勒（George Miller）发表的心理学专著《神奇的数字 7+/-2；我们信息加工能力的局限》中明确表示：在无复述的情况下，人们对于单个信息的记忆数量在 5 ~ 9 个，且其保持时间约为 10 至 20 秒。尽管此后的研究者认为本书中的 5 ~ 9 个单位高估了短时记忆的容量，因为通过后期研究，研究者发现其容量只有 2 ~ 4 个。这一理念逐渐被语言教学和词汇习得引入，并逐渐应用到教学实践中。如："The path serves as an approach to the boat house." 这一句话一共有 10 个词汇，如果我们在背诵这样的长句时一个词一个词地背，会发现难度很大，但是只要我们将这个句子分解为：The path，serves as，an approach to，the boat house 四个信息块，会发现背诵效率大大地提高了。所以在学习英语时，如果将信息量较大的句子分解为若干个信息块，则可以扩大了我们记忆的宽广度。当大脑中储存量了一定量的预制语言信息块，语言的输出编码过程在学习者交际时也会更加高效，因为学习了词块，就不再是将大量的单个的单词进行组合。

（三）输入假说

输入假说是克拉申"语言监控"理论的核心。该假说具有三个要点。第一，克拉申提出了"可理解性输入（comprehensive input）"理论，即"i + 1"理论，其中，"i"是指学习者现有语言水平，"1"则代表稍难于学习者现有水平的学习材料。他强调输入的语言应该是可理解的，不可理解的语言即使输入也不能够被学习者接受。第二，输入假说提出要给予二语学习者大量充足的语言材料，语言学习者充分沉浸在语言环境中才能习得语言。第三，语言材料生动有趣，避免学习者因不感兴趣而在头脑中过滤掉。

他认为，如果语言输入全部是学习者很容易理解的内容将无法激发学习者的学习动机和学习兴趣。故语言输入内容的总体难度应略高于学习者现有能力的语言材料但不超过学习者的学习能力，也就是说语言的输入既不应该远远超出学习者竭尽全力所能达到的最高水平，也不应该太接近他们现阶段的水平以至于对他们没有任何挑战。而这种略高于学习者现有能力的语言材料能够被学习者理解的原因之一也是因为有语境的帮助。

在我国目前的外语课堂教学中，语言的输入受到一些条件的制约，还会受到学时、考试等诸多因素的影响。在大环境暂时无法改变的形势下，教师可以利用一切教学手段尽可能提高语言输入的有效性，为学生提供相对真实的语言情景。

与传统授课方式相比，利用多媒体网络辅助英语情景教学，提高了课堂语言输入的容量。同时，教师借助现代多媒体和网络技术，增加了语言输入的可理解性，多形式的资源丰富了学生的感官体验，提高了学生的学习兴趣，增强了能够加强学习的学习动机。而一些多媒体资源在课堂上的应用，比如英语原声电影、电视新闻、视频片段等为学生们习得语言提供真实的语料和知识输入的同时，也辅助了外语情景教学。多媒体网络辅助英语情景教学为学生们创设了集视、听、说、做于一体的尽可能真实的语言学习环境，是课堂上学生习得语言的一种有效方式。

（四）输入强化理论

此理论由沙伍德·史密斯（Sharwood Smith）提出，他认为所有试图通过增加输入材料中目的语形式的显性度，达到吸引学习者注意的教学手段。他指出，书面强化、输入流和规则讲解等都属于输入强化。这些都可以作为可理解性输入的辅助手段，增加学习者能够注意到其所需学习知识的可能性，进而促进他们的二语习得。“输入强化”的目的是要提高输入质量，所以在教学条件允许的情况下，任何不同寻常、可以吸引学习者注意力的材料或形式都可以用来辅助教学输入。

输入强化可分为孤立输入、可理解输入和可记住输入三个教学层次。例如多媒体网络辅助英语情景教学的过程中图文并茂，声像兼备，动静结合，情景感强，既有知识性，又具备趣味性，调动学生的多种感官并用，这恰好弥补了传统教学法以书面强化为主而缺乏其他感官刺激的不足之处，故与传统教学法相比更能吸引学习者的注意力，更容易达到可记住的输入这一教学层次，进而对于提高英语课堂教学效率大有帮助。

二、中国特色的英语教学法

（一）中国特色的英语教学方法

我国的英语教学的建立，符合我国外语教学现状，能够指导我国外语教学向前发展。我国的几种主要的英语教学法基本符合教学法的特征，且在一定时期具有一定的影响力。

当然，我国外语教学法研究在不同阶段有不同的诉求，人们对于外语教学法的认识也与提出者的教育追求、教育信念存有关联，这些都会带来对外语教学法界定的不同观点。英语教学法中的一些教学法虽然在语言学理论或实践运用上还需发展，但正如历史上的教学法流派如听说法、交际教学法的形成都有一个逐步完善的过程，只要这些教学法基本具备了作为外语教学法的特质，能够带来实际外语教学的变化，而不止是一种具体的课堂教学方法，我们就可以将他们归类到外语教学法的行列。

1. 十六字外语教学法

十六字外语教学法针对当时的外语教学进行了反思与批判。1959 年，张思中在华东师范大学一附中任教。这一时期，我国基础教育阶段的课程与教学正进入新中国成立后的第一个自主探索时期，外语教学相对其他学科的教学更为复杂和混乱。由于与苏联关系的恶化，我国的外语教学逐渐由俄语教学转向英语教学，俄语教学只在 1/3 的学校得以开展。因此，很多学校的俄语教学基本以从苏联引进的自觉对比法为指导。

对此，张思中认为俄语教学在我国历史悠久，而之所以出现“教学者费力，学习者厌学”的现象主要在于人们长期以来对苏联自觉对比法的盲目借用，以及对我国特有的文化教育特点的忽视。后来，张思中将俄语教学改革的做法运用到英语教学上。通过对俄语、英语和汉语三种语言进行比较，通过对我国独特的外语教情和学情进行深入分析，张思中认为：一方面，外来外语教学法对我国的英语教学的影响根深蒂固；另一方面，英语教学法研究在国外的潮涌又更增加了我国多种外来外语教学法的混乱和盲目借用现象。张思中对这些脱离我国教学土壤和教学实际的做法进行了专门性的探析。他在 20 世纪 80 年代就成立了“张思中外语教学法研究所”，以研究中国外语教学为旨向，对我国当时的外语教学做了深入的反思与批判。

2. 五因素十字积极教学法

章兼中教授是我国有名的英语教学法专家。他 1951—1956 年在华东师范大学先后学习英语和俄语并留校任教，这影响了他的教学观和对教学法的采用与改造。他做了大量的教学实验，通过课题立项、实验教学和理论探索，出版了一系列外语教学书籍，这些工作经历为他创立英语“五因素十字积极教学法”奠定了扎实的理论和实践基础，代表了我国老一辈教学法专家对建构有本国特色的英语教学法的实践探索。

章兼中“五因素十字积极教学法”的形成可简约分成三个阶段。第一阶段是“文化大革命”前，章兼中在华东师范大学二附中进行英语教学改革。他对听说法进行了合理的本土化改造，“交际”与“情景”在他的英语教学实验中初现。第二阶段是“文化大革命”期间，章兼中不敢公开进行教学实验，但他灵活采用实践认知法、语法翻译法和直接法的长处，变着法子在进行革命教学的同时又尽量创造条件为学习者传授英语作为一门外语的特殊教学内容。章兼中在接受包天仁专访时曾亲自讲述了这一特殊时期的特殊教学经历。第三阶段从 1984 年与加拿大维多利亚大学合作进行“中小学英语积极学习”的研究项目到 90 年代中期。这一时期，通过与维多利亚大学长达 8 年的合作，章兼中逐渐发展了他的教学法思想，突出了“情意”与“学习方法”在英语教学中的要义。这些思想，他一方面纳入专著《外语教育学》中；一方面就形成了“五因素十字积极教学法”的核心体系。

章兼中设计了五因素十字积极教学法的 9 步教学模式，构成了外语教与学的对应模式，如图 3-3 所示。

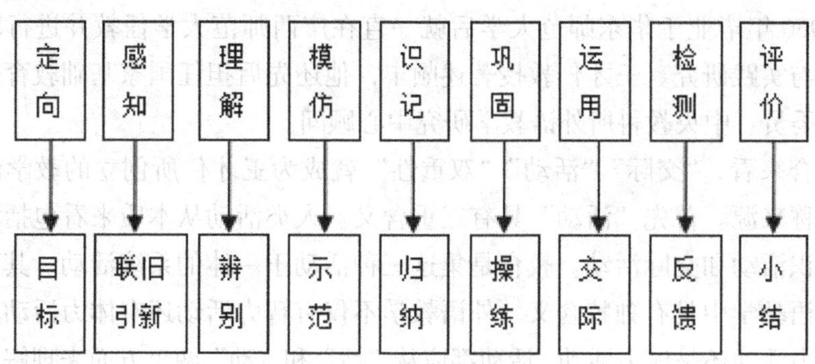

图 3-3　五因素十字积极教学法

章兼中的五因素十字积极教学法有一套完整的教学观、教学模式和教学技巧。他既是教学理论专家，又坚持长期在一线中学教学并不断开展教学实验。“情意”教学观直指学习者的心理，尤其对学习者的兴趣、动机和意志有专门论述。这一主张深受维多利亚大学合作项目的影响，也与人本主义系列教学法如暗示法、沉默法等存在相似性。情意观中的“意志”论同时也是我国传统教学中所倡导和推行的。“情景”教学观显然与 20 世纪 70 年代引入我国的情境教学法有同等主张。章兼中不仅将“情景”列为五因素教学法的核心元素，而且还强调言语“情景”与言语“交际”应该链接起来，因为言语交际总是在特定的情景中采用特定的言语策略，运用语言传递特定的信息。至于“知识”与“方法”，章兼中认为二者是任何一门学科都必须掌握的基础，知识是机身，方法是机翼，只有拥有扎实的基础知识，并且能灵活采用各种学习方法或策略，

英语学习才能顺利前行。

章兼中的“五因素十字积极教学法”综合了几种国外英语教学法的思想和观点，但他能够独创性的对此加以改造和运用，并且一直坚持教学实验，不断完善自己的理论和认识，最终形成了中国特色的教学法。当然，这一教学法虽然有完备的理论体系，他本人及一些学校的老师也参与了多轮教学实验，取得了很好的教学效果。但后来，由于年事已高，他主要转向理论研究和指导教学工作，再加上其他国外教学法对我国的持续影响和本国一些教学法专家也在积极进行教学法实验与研究，使得“五因素十字积极教学法”并没有能在全国推广，也没有作更深入的研究与探讨。

3. *英语双重活动教学法*

英语双重活动教学法的形成首先是基于王才仁对英语教学法尤其是交际教学法的深入探索。王才仁教授是与章兼中教授同一时代的著名外语教学法专家。他于 1960 年毕业于华东师范大学后就一直在广西师范大学任教并进行教学法的理论与实践研究。王才仁教授著述颇丰，他还先后担任国家基础教育研究中心学术委员、中央教科所外语教学研究中心顾问。

整合来看，“交际”“活动”“双重性”就成为王才仁所创立的教学法的核心和名称来源。首先“活动”具有三重含义。人类活动从本质来看包括实践活动、认识活动和交际活动。教育是集这三种活动于一体的系统活动。其次，活动在外语教学中具有独特含义。外语教学不仅有智力活动还有体力活动，而不论是智力活动还是体力活动，活动都应从“活”和“动”两个方面来理解。“活”指活化、激活；“动”指行动。外语教学中的“活化”意味着应先把语言文字活化为活动，把教材内容活化为实际生活，把教学活化为交际；外语教学中的“动”则指身体器官、认知结构和主题意识三个层面都要协调动起来。唯如此，外语教学活动才能达到讲用结合、书本与实际结合、优化教学过程，促进积极教学的产生，达到好的教学效果。王才仁还用二分法从中观层次论述了英语教学六方面的“双重性”，即教学目的双重性——交际技能与素质教育、教学主体双重性——教师与学生、活动内容双层次——信息与情感、信息双重性——观念性和操作性、输入双渠道——外界刺激和大脑认知活动、输出双环境——心理环境与外语环境。这六个方面的双重要素的设定不仅让英语教学变得有序，而且更具操作性，便于教师运用与调控，因而对英语教学有积极意义。

4. *五步教学法*

该教学法根据初中学生学习英语的客观规律，以培养自学能力为主要目标，其核心是通过大量的语言技能操练使学生接受语言知识，达成语言技能。具体五步是指：①复习：以旧迎新。②介绍：提出新材料。③操练：机械操练。④练习：运用性练习。⑤巩固：输出性练习。

教师在各个步骤中发挥了不同的作用，在复习过程中，教师起到了强化记忆者的作用；在介绍过程中，教师起到了示范表演者的作用；在操练过程中，教师起到了组织者 / 指挥者的作用；在练习督者 / 监听者教师起到了帮手（后来是记分员）过程中，教师起到了裁判员 / 监的作用。

5.5P 模式教学法

5P，即 Preparation（导入），Presentation（呈现），Practice（练习），Production（运用）和 Progress（评价）。

Preparation——通过复习、预测、讨论、脑风暴等不同的教学活动承前启后，导人新话题或新内容，激活学生的背景知识和经验，启发想象或预测。

Presentation——呈现新的语言知识。这是一个提供输入、完成感知、达到初步理解的过程。教师通过各种有效方式比如用实物、动作、图画、简笔画、英语解释、汉语解释等向学生介绍新的语言，学生理解和认识新语言项目的意义和形式。

Practice——对新语言知识的操练和练习。这种练习通常是控制性和半控制性的，包括从非交际语言活动到有意义的各种练习，再到各种具有一定交际性的语言活动。

Production——真实的语言运用。主要活动形式通常是让学生完成真实的交际任务或项目等。

Progress——巩固和检测。通过小结和检查等评价方式来检测和巩固学生所获得的语言知识和经验让学生在评价反思，在反思中进步。

（二）英语教学中融入中国文化

1. 转变学生的学习观念

中国跨文化交际研究领域的先行者胡文仲指出："语言与文化是密不可分的，语言是文化的载体，也是文化的写照。由于语言的产生和发展，人类文化才得以传承。不存在没有语言的文化，也不存在没有文化的语言。"因此，学生要转变学习观念，深刻认识到中国文化和英语学习之间的密切关系，增强文化学习尤其是学习中国文化的自觉性，加强自身中国文化知识的积累，在母语文化与目的语文化间发生相互碰撞和交流时，充分利用母语文化对目的语文化

习得的促进作用。但是，学生对于中国文化的深入了解，也是一个长期积累和学习的过程，要求学生在日常学习过程中和生活中注意观察身边的中国文化现象，有意识提高自身对中国文化的学习，如学生可以在课堂内外和同学主动交流探讨与中国文化相关的习语或俗语、关注电视及网络平台对中国文化的介绍，对日常生活中接触的中国文化内容进行收集整理等。学校也可以开展丰富多彩的英语课外活动，如邀请专家来校讲座、阅读关于中国文化的英文报刊、排练英语话剧、举行单词接龙比赛、英语朗读比赛、演讲比赛、辩论比赛等活动形式，为学生提供真实的情景，让学生潜移默化在新的语言情景中转变学习观念，充分认识到中国文化的学习对英语语言学习的重要性。

2. 加强对学生的兴趣引导

在英语教学中，教师应加强对学生的兴趣引导，充分调动学习中国文化的积极性和主动性，提升用英语表达中国文化的能力，树立对中国优秀传统文化的信心，提高民族的自尊心、自信心，培养学生强烈的民族自豪感。教师应注重教学方法的灵活运用，通过多样化的教学形式与丰富多彩的教学活动，来提高学生参与课堂的热情，激发学生中国文化英语学习的兴趣。教师可以运用多媒体等现代教育技术，直观地向学生展示文化差异，在讲解西方的情人节时，教师可以将其与中国的七夕节进行对比讲解；在讲解中因的端午节目的是纪念屈原时，与美国的哥伦布日目的是纪念克里斯托弗进行对比讲解，引导学生领悟中西文化的异同点；在讲到文化冲突时，选取电影《刮痧》《喜福会》《推手》中的片段，让学生身临其境，在欣赏影片的同时体会到中西文化的差异，激发学生的文化求知欲和学习兴趣。教师也可以引导学生在课外搜寻网络资源或阅读有关中国文化的读物，并写出读书报告。学生可以通过网络、英语报纸、杂志以及书籍、电影、歌曲等渠道，以灵活有趣的方式来学习和了解中国文化，在扩展用英语表达中国文化的渠道时应充分发挥主观能动性，激发和培养自身学习兴趣，形成一个中国对文化感知、文化加深、优秀文化意识不断形成的过程。

3. 培养学生跨文化鉴赏、适应及交际能力

多元文化教育强调尊重—理解—鉴赏，即从尊重不同国家、民族、种族、阶层文化的存在到理解各种文化并学会鉴赏多元文化的过程。郑金洲指出，多元文化教育的总体目标既包括学生在多种文化熏陶下的文化适应能力，也包括学生在多种文化影响下尊重和理解各民族文化，妥善处理人际关系。王宗炎指出，跨文化交流是跨越两种语言与文化的双向交流的过程，而不是对某一语言

或文化的单方面学习。受其处于多元文化环境中的跨文化语言学习本质的影响，学生英语学习的任务之一就是培养学生的跨文化鉴赏能力、跨文化适应能力和跨文化交际能力。一方面要了解和鉴赏西方文化，并学会与他人进行成功地跨文化交际；另一方面也要学会用英语传播和弘扬中国文化，向西方国家介绍中国民族风俗、精神内涵和价值观念等，更好地让西方世界了解中国。因此，在英语教学过程中，教师讲解西方文化时，要注重对学生中国文化的传授，通过学生对文化的了解、感悟和分析比较，不仅促进学生对西方文化的理解，也能加深学生对中国文化的认知。学生在英语学习过程中，也要主动提高文化鉴别能力，辩证思考中西文化差异，既不能全盘吸收外来文化，也不能全盘否定外来文化，应学会“去其糟粕，取其精华”，达到提升自身跨文化鉴赏、适应和交际能力的目标，成为优秀的中国文化传承者。

4. 更新教师教学理念

班克斯认为，多元文化教育中的教师也要在多样性的文化教学中持一种平等的教学理念。要想教好语言就必须努力去掌握文化背景知识。语言是文化的组成部分，只有懂得文化的模式和准则，才能真正学好一种语言。在英语教学中，教师要更新文化教学理念，意识到语言教学即文化教学，而非只是讲解语言知识和语言技能，这就意味着教师在英语教学实践中要将语言和文化有机结合于一体，在向学生传授知识时应注重文化内容的讲解，因为语言教育和文化教育是相辅相成的。如，在讲解阅读理解时，为了达到在语言教学中让学生学习文化的目的，教师可以用一些句子或者单词所蕴含的特殊文化知识来吸引学生的注意力；若阅读理解中涉及中国文化知识，教师也可以要求学生写读后感等；在讲解写作时，教师也可以适当地引用文化知识；教师还可以整合教学内容，适当地在语言教学中增加文化知识；教师也可以向学生推荐一些课后阅读书目、报纸杂志上反映中因传统文化和风俗习惯的英文文学作品，让学生在学习英语语言的同时，领悟中国文化，增强学生民族认同感和爱国主义。

5. 重视教师专业发展

跨文化教学理论要求教师应培养学生的认知能力，情感能力和行为能力，而开展多元文化教育和培养学生跨文化交际的前提是教师应具备跨文化教学素养和能力。教师专业发展有明确要求，指出教师要不断丰富自身中外文化知识，增强国际视野，认真学习相关的教学理论。因此，教师要努力拓展自己了解中国文化知识、提高文化素养的途径，主动增加学习和用英语表达文化的机会。教师可以有意识地阅读有关中国文化的英文书籍、报刊或英文版的中国名著等，收集关于中国文化的英语表达内容，借助互联网资源关注饮食、服饰、建筑交通、各种重要发明等中国文化和哲学、科学、教育、文学、艺术等精神方面，不断提高和丰富自身的文化素养。在此基础上，教师还要致力于提高自身跨文化教学能力，改革文化教学方式，不断完善教学效果。在教学内容的设计中，教师要注重中西文化的平衡，遵循循序渐进的规律，既要关注在英语教学中的中外文化的差异与融通，又要正确认识和对待他国文化，积极发展自身的跨文化沟通策略和能力，增强国家认同，坚定文化自信，自觉传播和弘扬中国特色社会主义文化。在教学手段的应用上，教师可以恰当利用信息技术，以文学作品、影视作品作为引导学生学习中国文化的载体，也可以针对课堂中出现的有关文化习俗相关的习语和成语等，提供背景资料，创设有意义的语境，进行有关中国文化主题式教学；还可以基于语篇所承载的文化知识，结合课外阅读，引导学生挖掘其意义与内涵等。

6. 加强英语教材建设

中国精神是中国文化的“灵魂”，中国文化精神方面的学习至关重要。然而，现行英语教材虽然涉及了部分中国文化的内容，但是所占比例少于目的语文化，对于精神文化的介绍也少于物质文化。所以，英语教材编纂者应根据英语学习者的认知水平、学习能力、英语基础，在必修课教材中适当增加专门关于中国文化精神方面的经典作品，如:《三字经》《弟子规》《大学》《诗经》《论语》《中庸》和四大名著等。同时，教材也可以话题为核心，语言功能项目和语法结构为主线，将中国文化精神方面的内容融入每个单元的板块中。在练习题的设计中，可以选取具有中国特色精神文化的经典传统小故事，如，凿壁偷光、孔融让梨、林则徐禁烟等，让学生在学习英语语言知识和西方文化的同时，也学会了用英语表达中国特有的文化。

7. 完善课程设置

多元文化教育理论的特征之一是，承认文化的多样性及文化间的平等和相互影响。在全球化的大背景之下，我国的高中英语教育已经越来越呈现出多元文化教育的特点，学生的未来发展也更多地取决于他们是否具有开放、包容的文化心态。要求既要培养学生的人类命运共同体意识，也要培养学生的国际视野和中国情怀。各学校可以按照英语教学要求，完善课程设置，开设中西文化对比与鉴赏类选修课程。如，开设中西文化对比课程，包括中西文化的节日习俗、思维方式、日常礼仪、个人追求、价值观念、生活观念等方面的对比；开设文学赏析课程，如，著名的山水画、经典的诗词歌赋（唐诗、宋词、元曲等）、中华民族艺术（绘画、剪纸、舞蹈、各种手工艺等）、开设影视欣赏课程，如《罗密欧与朱丽叶》《阿甘正传》《肖生克的救赎》《梁山伯与祝英台》《变脸》《霸王别姬》《一代宗师》等；开设戏剧表演课程，如《花木兰》《红楼梦》《西厢记》《祥林嫂》等。

8. 增加文化考核内容

在英语考试中增加中国文化考核内容，不仅能引起教师和学习者对中国文化的重视，也能增加学习者对中国文化知识的渴望，对提高中外文化异同的敏感性和跨文化交际能力都起到重要作用。

在阅读理解部分，可以适当选择涉及文化背景和文化差异、情感态度和价值观的语篇，让学生观察、分析、比较中外文化之间的异同，深入认识中国文化，增强爱国主义和文化自信。在试卷中增加介绍文化的主观题，如，介绍中国传统节日（春节、端午节、中秋节等）、饮食文化（饺子、粽子、豆腐等）、建筑交通（圆明园、颐和园等）和文学（红楼梦、水浒传等）等；也可以增加中西文化对比和鉴赏的主观题，既可以指导学生对自身的传统文化进行反思，也可以唤起个体对文化的感悟、想象和思考；在试卷听力部分增加中国文化内容，检测学生中国文化掌握程度。

英语教学的最终目的在于交际，可以考察学生的口语能力。如教师将中国传统文化故事转换成口语交际资源，以课本剧的方式，创设多种多样的生活情景，让学生通过情景体验来感知和鉴赏中国文化，从根本上提高学生英语水平。

第四章　现代外语教学的语言认知

语言是人类生活中最为奇妙的现象之一，是人之所以为人的重要特征。语言在人类的沟通交流中发挥着不可替代的作用，不同的语言有其自身文化的特征。本章分为对语言的认识，普遍语法理论，语言学习理论三个部分。主要包括：语言概述，语言与文化的关系，普遍语法的理论基础、主要内容等，学习语言和习得语言，人本主义语言学习理论对传统外语教学的挑战，“以学生为本”的英语教学法的具体实施，信息加工理论对外语教学的意义及启示等内容。

第一节　对语言的认识

一、语言概述

（一）语言的定义

基于对语言和语言学的研究，中外语言学家对于语言的定义也有不同的理解，以下是国内外具有权威和代表性的关于语言的定义。

①对语言研究作出贡献的索绪尔把语言定义为一种表达观念的符号系统（Language is a system of signs that express ideas……）。

②语言是说本族语的人理解和构成合乎语法句子的先天能力，是在某一时期内说出的实际话语。

③威廉A.哈维兰等著的《文化人类学：人类的挑战》指出：“语言（language）是一个根据一系列特定规则用声音和/或手势交流的系统，它产生了对于所有使用它的人来说都可以理解的意义。”

④我国语言学家对于语言的定义，也有不同的见解：是人类思维和交际的重要工具；语言具有抽象音义的实体性和交际的功用性；语言是客观世界与人

的主观条件相结合的产物；语言只属于人类特有，能够充当人们相互表达和反应的中介、认知事物的工具和文化信息的载体。

总之，语言是生物同类之间由于沟通需要而制定的具有统一编码解码标准的声音（图像）指令。随着社会的发展和人类意识、思维能力的提高，人们对于语言的认识也越来越客观和全面，概括而言，从语言本身的结构来说，语言是由词汇和语法构成的系统，这个系统中的每个成分即每个语言成分都是由声音和意义两个方面构成的。从语言的功能来讲，语言是人类最重要的交流工具，是一种思维工具。可以说，语言是人类发明的独特工具，具有社会特制以及传承性，因此语言往往被视为特定民族文化的表现形式之一。

（二）语言的属性

1. 本质属性

更确切地说，语言能够反映语言的质量属性、能量属性和表征属性，语言被看作是一种符号系统、交际工具和信息系统，语言的这三种属性就构成了语言的基本属性，三者缺一不可。

2. 基本属性

①传承性。语言的传承性是全民性的传承，具有强制性的特点，是人类代代相传的精神产物，也是人类进行社会交际的工具。

②约定俗成性。语言是在特定的历史地理环境中自然约定的人类创造的成果，是人类集体交际活动中的一种客观存在的交际工具。

③文化性。语言是一种文化现象和文化产物；语言的发送、传播和接收要以文化为背景；语言是运用、巩固和传达文化的手段。

④开放性。语言自身整体上是保持稳定的，开放性只具有相对性，是与稳定性这一特性相比较来说的，语言的开放性是要求语言能够快速、准确地反映社会的发展变化，通过内部创新和外部渗透实现语言的开放。

⑤模糊性。语言的模糊性是思维模糊性的产物，这也是相对于语言的准确性来说的，是与语言的准确性特征相辅相成的相对属性。

二、语言的起源与发展

（一）语言的起源

从20世纪30年代起，相关的考古学家、动物学家和计算机专家等就开始密切关注与研究语言起源的问题，并取得了一定的成果。语言学家、哲学家等经过多年的研究和推理，提出了许多有关语言起源的假设，其中影响最为深远的有如下几种。

①拟声说和象声说：即认为语言起源于对模范自然界各种声音和现象的模仿。

②契约说：法国哲学家卢梭认为人类为了建立一个平等的社会和沟通便捷，共同约定使用语言作为交流工具。

③生物进化说：生物学家和考古学家认为，由于人类的祖先很早就学会了用双脚直立行走，使得人类祖先的视野更加开阔，呼吸更加顺畅，进而带动了大脑和神经系统的进化，并为语言的产生和发展创造了条件。

（二）语言的发展

人类交际的基本工具就是语言，语言的分化和统一会受到社会的分化和统一的影响。当某一社会走向分化，必然会减少或者停止各个社会部分间的交际。一段时期之后，社会产生语言差异，形成不同的语言。语言发展中变化速度最快的当属词汇的发展，虽然新生事物的出现伴随着旧事物的淡化和消亡，但是在语言的发展中必然会留下印记。

1. 语言发展的途径

（1）语言的接触

人类之间的接触一定会有语言上的接触。不同语言之间的接触，并且是接触之后会对一种以上的语言产生影响。

①词缀借入。在语言接触的过程中，将外来的词缀借入是语言进步的一种表现，因此，语言接触能够渗透到语素层面。例如英语中，很多词都是有英语的词根和其他语言的词缀组成的词。

②词语互借。有很多汉语词汇是从其他语言中借来的，例如浪漫、感性、因果、沙发、葡萄等。与此同时，其他语言也会吸收汉语中的词汇，例如茶、瓷器、丝绸等等，很多词语已经被其他语言借用。

③语音与语法的借代。随着不同国家、不同民族的进一步的接触，不仅是词汇方面出现了互借现象，而且语音和语法方面也出现了借代现象。还有些语言在借入其他语法后原语法消失。

④不同语言的共同特点。两种语言长期接触后，虽然仍是不同的语言，但是会产生一些共同点。语言在语法上有很多相似之处，最终形成了“巴尔干语言联盟”。

⑤双语或多语现象。在一个区域或者民族会出现两种或者两种以上的官方语言，这也就是双语或者多语现象。

（2）语言的融合

语言强迫同化带有强制性，一般是统治者为了巩固自己的地位，削弱统治民族文化意识而采取的强制措施。强迫被统治民族放弃自己的语言和文字，统一使用统治民族的语言和文字，一般情况下是不会成功的。强迫同化一般包括以下几个方面。

①经济同化，指的是某些国家或地区在经济方面发展比较快，有很强的经济优势，那么该国家或地区的语言就会借助经济的优势，逐渐成为全国乃至全世界范围的优势语言。

②政治同化，通过政治的力量加快某种语言的普及速度，强迫大家都使用某种语言，增强这种语言对其他语言的同化力度。

③文化同化，是指通过文化这一社会物质，增强自身语言的优势地位。

④教育同化，教育的普及同样也会进一步推动语言的同化进程。人们从出生之日起就开始接触语言，到了接受教育的阶段，开始学习母语的书面语言，同时学习一些外语。通过对母语的学习和扎实掌握，逐渐将其作为学习其他学科的工具。

语言非强迫同化。这是指一个民族由于欣赏和崇拜另一个民族的语言和文化，而主动放弃自己的语言，主动学习他民族语言和文化的现象。例如，5 世纪时期，北魏政权建立，但是当时的统治者鲜卑族非常仰慕汉文化，就直接采取了“断诸北语，一从正音”的政策。当时的北魏统治者要求朝廷上统一讲汉语，禁止讲鲜卑语，大力推行汉文化。像这种主动选择的非强迫同化，是被同化民族的自愿举措，一般都会取的比较好的效果。

通过上述描述，可以看出，仅依靠政治或者军事上的优势是很难取得语言方面的胜利的，最终获胜的也不一定是统治者的语言。在语言同化过程中，能够成为同化语言不仅受到经济、文化、政治等方面的发展程度的影响，还受到人口以及语言自身丰富程度的影响。

（3）语言混合

语言混合比较特殊，与语言同化不一样，它是指两种语言组合到一起，混合之后形成的一种语言。语言混合主要表现为以下两种。

洋泾浜原本是上海租界的地名，是一条河浜。在旧上海，这里有很多外商，华人和洋人杂处，语言混杂。本地华人为了与洋人进行贸易合作，学习讲英语，但由于各种原因的限制，他们会将汉语的语法规则运用到英语当中，在交际的过程中，逐渐形成一种混合语，被称作“洋泾浜”语。这是一种基本词汇来自英语，采用汉语语法的语言，在语音方面也有所改变。

①“洋泾浜”语。世界上还有很多地方也出现过类似的混合语，尤其是在口岸和国境相邻的地方。例如，“洋泾浜葡语”“洋泾浜法语”等。还有的混合语是多种语言混合到一起的语言，例如“萨比尔”语。所有混合语被统一称为“洋泾浜”。由于很多词汇和语法都来自欧洲语言，所以欧洲语言被当作“洋泾浜”的基础，这些语言一般是传教士和商人与不同语言的人交流的过程中产生的。

因此，洋泾浜语是在词汇量有限的情况下，将语法简化的特殊语言变体。这种语言通常用于贸易和雇佣，其交际性十分有限。严格的来讲，它并不是一种语言，只是在外语水平有限的情况下的一种应急措施。

②克里奥尔语。洋泾浜语结构简单，功能单一，但当它被一个语言社团采用，作为母语习得时，它的地位就会迅速提升，语言会迅速丰富起来，成为克里奥尔语。克里奥尔语一般发生在由殖民劳工组成国家或者地区。在这些地方，人们来自不同的民族、地区，语言不通，无法交流。为了能够更好地交流，他们将殖民者的语言洋泾浜化，长时间的使用，并以此作为母语让他们的后代学习，不断扩大词汇，规范语法，形成克里奥尔语。

2. 语言发展的制约因素

人类生活的每个方面都涉及语言，因此，在研究语言发展的时候也要从多个方面寻找影响语言发展的因素。

（1）社会因素

人类主要的交际工具就是语言，但是需要人类对自然界有清楚的认识以及丰富的社会经验，才能真正地发挥语言的交际作用。正是因为语言具有交际性，社会的各种变化都会给语言的发展带来影响，以下两点的影响最大。

①战争。统计结果显示，在历史上只有600年左右是完全没有战争的。自从有了人类，就总是会为了争夺各种资源发生战争。每一次战争的发生都会推动不同民族语言之间的相互影响。

②科技。人类从未停止过对自然的探索，随着探索的不断深入，人类的语言也会发生相应的变化。近几十年来，科学迅速发展，人们有了更多的新技术、新发明、新概念，同时创造了新的名词来命名。与新科技相关的词汇如下。

（2）心理因素

在人类进行交际的时候，必定会受到人的心理影响，语言在受到心理影响后就会发生变化。使用不同语言的人，其对语言的心理也不一样。因纽特人，在他们的语言中虽然没有“雪”这个词，但是有十五个词是用来表达不同状态、不同地点的雪。可见，雪在因纽特人的生活中非常重要。而在英语文化中，雪就没有那么重要了，仅是用“snow”这样一个简单的词汇来表达。

（3）语言自身的因素

言语难免会和语言系统产生矛盾。这些矛盾会导致“出格”现象的发生，有些会转瞬即逝，有些则会保留下来，两者之间一定会存在矛盾，影响语言形式的发展和消亡。通过这种矛盾运动，不断促进语言的发展和变化。

3. 语言发展的特征

语言的发展变化呈现出很多特点，具体包括以下几个方面。

①不平衡性。这主要表现在语言各要素之间、不同时期语言发展变化、语言发展在地域上等几个方面的不平衡。

②相关性。在语言系统中，语言单位和语言规则之间有着密不可分的联系，每个细小的变化都会引发或大或小的改变，有直接的变化也有间接的变化。例如，汉语在 12 世纪之前是没有轻声的，轻声是在 12 世纪前后出现的语音。

③渐变性。语言的变化不是像生物基因那样突然就发生变化，它的变化是一个渐进的过程，语言的发展变化不会发生突变，主要有以下两点原因。

第一，语言是每个人在社会上生存必须要掌握的交际工具，如果语言变化太快，不稳定，那么人永远也无法掌握这一交际工具。

第二，无论是在日常生活中，还是在社会生产中，人们都需要依靠稳定的语言来完成交流、协作以及管理。在社会的发展的推动下，语言也会发生变化，会随着社会的发展而变化，满足社会进步之后人们的交际需要。语言的社会性质决定了语言不但需要稳固也需要发展，为了满足两个相互对立的需求，语言以渐变的方式进行发展和演变。

④规律性。语言的发展并不是随意的，也是要遵循一定的发展规律。当然，不同的语言发展遵循的规律不同，同一语言在不同的地区遵循的发展规律也可能不同，并且各个语言子系统的发展规律也有可能不同。但是，有一点是相同的，那就是都遵循一定的发展规律。

第二节　普遍语法理论

一、普遍语法的理论基础

（一）乔姆斯基理论的认知基础

乔姆斯基认为，语言就是一种自然界的“物体”，是人类心智的构成之一，具有呈现于人脑的物理属性，是人类的遗传禀赋之一。作为认知主义的倡导者，乔姆斯基批判行为主义，因为行为主义作为一种经验主义，把语言和语言行为看作是环境作用的产物，认为语言行为不过就是一系列刺激—反应—强化过程。乔姆斯基揭露出行为主义的局限性，认为行为主义犯了环境决定论的错误，否认内在心智能力以及遗传对语言学习的重要作用。乔姆斯基认为语言本质具有内在性，这种内在性是心智认知能力，是语言能力，其语言行为主要体现于深层结构或深层表征形式。

斯金纳是行为主义的代表人物，他的《言语行为》就是行为主义的很好体现。斯金纳运用行为主义和功能主义界定了语言的理论框架，他夸大语言使用的环境。乔姆斯基认为语言的功能主义解释只局限于语言的交际行为，忽视了重要问题——语言的内在运行机制，行为科学发展的经验材料获取方法对语言研究理论没用也不构成必要条件。

乔姆斯基认为行为理论源自动物实验的科学应用，对人类语言机制严重缺乏解释力。一种理论如果局限于外部环境刺激，缺乏解释力，不能解释语言，更不能解释生成语法。乔姆斯基运用儿童迅速习得语言的例子，包括儿童很快习得语法并构建句子能力，还可以像其他成人一样，既能理解前所未听到过的话语，又能输出其他人未曾输出的句子，能够创造性使用语言，这也是生成语言的证据。他认为要想理解语言的创造性、语言创造性的发展和使用就必须首先假设语言是一种遗传禀赋，是与行为主义相反的一种假设。

乔姆斯基对斯金纳行为主义方法论及其基础假设的批判为认知革命铺平道路。美国心理学自 20 世纪 50 年代开始至 70 年代研究范式发生转变，从行为主义范式研究逐步转变为认知研究范式。心智研究从行为主义功能主义进路转向认知主义和心智主义进路；语言学理论范式也由布龙菲尔德为代表的结构主义转变为生成主义，为乔姆斯基转换生成语法的各时期发展创造了有利条件，提供了理论支撑。乔姆斯基理论主要关注句法的操作过程和内在结构，关注如何通过组织、连贯、调整和合并等规则将短语结构生成合乎语法的可理解而且可接受的句子。他认为语言能力就是理想语言使用者对母语规则了解的知识，是人类所特有的内在语言能力的产物，也是心智能力的产物，语言能力独立于其他认知能力。从此，乔姆斯基确立了“心”在语言学研究中的地位。他的理论也宣告“心”完胜“身”。语言知识就是语言使用者的心智构成部分，因此，原本语言知识语言能力的研究分属于心理学研究，是乔姆斯基将这部分语言能力研究成功剥离心理学，与语言学研究对接，语言能力研究从此成为语言学研究对象。

（二）乔姆斯基理论的哲学认识论基础

乔姆斯基的研究就是沿着分析哲学路线，将逻辑和语言作为研究的核心。他充分利用逻辑和数学进行语言分析，还创建了一套表征句法的形式语言。转换生成语法研究中，他创造了一套规则将词语的组合生成语言中的合法句子，还通过算术预测所有语法正确的句子。乔姆斯基的分析哲学立场同样不可小觑。首先他对科学方法论范式转换贡献很大，20 世纪上半叶经验主义盛行的行为主义心理学、结构主义语言学以及逻辑实证主义哲学发生转向。他的破冰之作《句法理论的几个方面》为新的研究范式提供了概念基础，不仅为语言学研究提供认知路径，还为哲学研究语言和心智提供一种全新思路全新研究框架。除此之外，他与分析哲学和批评哲学主要代表人物之间展开的辩论也是他生成理论逐步发展与成熟的有力证据。

乔姆斯基早期研究句法的概念框架在哲学界也引起巨大反响。深层结构和表层结构也遵循分析哲学传统，尤其是罗素的描述理论——表层结构通常掩盖深层结构，语法可以分为两层表征形式：深层结构就是短语结构语法通过递归性规则生成；表层结构通过运用转换规则从深层结构中派生出来。例如，句子中陈述句是深层结构，一般疑问句和特殊疑问句是表层结构，通过特定转换规则派生而来。转换生成语法在 70 年代的主要发展就是尝试说明生成成分和转换成分不仅受到句法限制，还要受到语义限制。例如，生成成分理论中，X-bar 理论的形成与发展，明确说明所有短语成分的一般内在结构框架；转换成分则将所有可能的移动规则减少到单一的 alpha 移动，即使是单一的 alpha 移动，也受到限制。

二、乔姆斯基的普遍语法理论

语言学家乔姆斯基在20世纪80年代初提出了普遍语法理论（Universal grammar theory），这一理论认为普遍语法是人类大脑中生来就存在的语言知识体系，它包括一套语言的原则和参数，人们通过后期语言经验这一必要条件的触发，能够从普遍语法过渡到个别语法。儿童在语言环境的浸染下不断积累个人的语言经验，而后能够将这些预制信息块重新组合并表达出来，从而掌握所学习的语言，所以在外语的教学过程中，要意识到语言环境的重要性。

（一）普遍语法提出第一人

乔姆斯基认为人类语言只有一种，改革心理学的同时，也改革了语言学。他重申语言内在论，说明人类的知识大部分都由遗传决定，并提供证据解释无意识知识才是语言能力的基础，推翻行为主义，将心智研究作为主要研究对象。他改变了我们的思维方式，让我们有机会重新审视自已，其成就可以与达尔文和笛卡尔比肩。他的大部分精力主要用于政治活动，揭露政府谎言，曝光政府背后大财团的影响，并试图建立一种社会秩序。

他的影响与爱因斯坦和弗洛伊德相似。他像弗洛伊德一样改变了我们的心智概念，又像爱因斯坦一样将科学创造性用于语言和心智研究，他还转换范式，把语言研究带到科学研究主流，把心智作为一种自然现象，运用自然主义进路解释，因此语言和心智研究与自然科学相联系，语言成为科学研究的范畴。除了对语言学、哲学和心理学的主要影响外，乔姆斯基还对其他学科如人类学和数学、教育学以及文学有影响。为了了解乔姆斯基，我们需要首先了解乔姆斯基普遍语法的生成路径以及科学研究方法特点。

（二）普遍语法假设

乔姆斯基认为，普遍语法是理论、条件和规则系统，是所有语言普遍具有的本质属性和特点，是语言的本质。所有人类都共有的一部分语言知识，普遍语法就是他们共有的部分，无论他们讲何种语言。普遍语法规则是所有语言的基础蓝图。普遍语法才能解释清楚为什么儿童在外界语言输入有限的情况下，早期可以迅速习得母语。如果没有特定的普遍语言知识，学习不可能发生。乔姆斯基还强调：普遍语法决定一系列核心语法，而且是同一理想语言社区个人知识在心智中的表征，是核心语法标记的成分，是构成核心语法的边界，这一假设具有合理性。

普遍语法认为婴幼儿生而具有所有语言共有的某种核心语言知识，帮助他们习得某种特定语言。语言能力具有生物性，是遗传禀赋，是语法基因，语言本身是基因决定的。这一点从神经心理学家艾瑞克·列纳伯著作中也可以找到理论支撑。他认为学习语言的能力的确具有内在性，而且语言能力和其他先天能力机制一样，局限于某个关键时期。如果儿童在关键期之初没有学会语言，那么他们就再也学不会语言，这一点与关键期假设一样。

乔姆斯基提出普遍语法，他的理论成为理性主义研究传统的核心。乔姆斯基的提议与瑞士儿科专家荣格的原理概念理论有相似之处。卡尔·荣格认为，人类生来就有某种遗传的作用模式，根植于某种无意识心智状态，是一种原型理论。原型具有激发能力，控制并协调一般行为特点并调节所有人类的一般经验，被视为内在神经的核心。乔姆斯基认为，虽然各种语言语法各异，但语言的基本形式深层结构具有普遍性；即，在神经那个最深层次，存在一种普遍语法，所有个别语言的语法都是在普遍语法基础上发展而来。

（三）普遍语法理论的发展阶段

普遍语法是贯穿乔姆斯基语言理论的全过程，是人类大脑具有的语言知识状态，是人类语言必须拥有的一系列规则和条件，是人类的无意识知识。普遍语法是乔姆斯基为研究语言而假设的一个概念。这个概念源自波尔·罗亚尔语法。普遍语法的核心思想就是要制定出少量原理并以这些原理为依据建立一种语法机制，为各类不同语言的语法提供参照点。乔姆斯基语言科学观始于20世纪40年代，他在宾夕法尼亚大学时的毕业论文，也是他的硕士论文雏形——《现代希伯来语言的形态音位研究》。这篇论文是乔姆斯基早期对语言学和生成音系学的探讨，不仅详细分析了形态音系学，而且还分析了现代希伯来语的整个语法体系，从音位一直到句法，是现代希伯来语的完整生成语法。论文的重要性主要体现在乔姆斯基对语言学的深入研究以及生成理论的影响深远。这一开创性文章对乔姆斯基语言学研究者们追根溯源了解生成语法意义重大。这篇文章堪称是乔姆斯基普遍语法理论发展的创世纪之作，意义重大，是普遍语法和生成语言学在希伯来语言中的具体应用。这篇文章中，乔姆斯基的目的就是希伯来语的生成语法观。20世纪50年代早期，他到哈佛大学读硕士，开始他的里程碑式的著作《语言理论的逻辑结构》，其中有一章提交到宾夕法尼亚大学作为他的博士论文论题。他于1955年完成并修改，但实际出版时间为1975年。由于霍华德·拉斯尼克（Howard Lasnik）讨论计算层次时提到，计算层次已经置入乔姆斯基语言器官理论，为乔姆斯基语言科学研究奠定了基础。内尔·斯密斯（Neil Smith）说明乔姆斯基语言科学研究性质时，也指出语言科学和生物学之间的关系。尤其是乔姆斯基解决柏拉图问题——解释我们如何在短期内习得语言知识时更明显。乔姆斯基给出的答案就是“普遍语法”，假设儿童开始学习时的初始状态就是普遍语法，一种语言结构图式。乔姆斯基和莫里斯·哈里斯（Morris Harris）合作的《英语的语音模式》说明语音具有系统性、抽象性，是英语语言独有的语音。语音模式研究说明大脑的部分组织与灵长类组织相似，该组织曾被认为是辨别声音的器官。于人类而言，这一组织就是语言特有的，是内置于大脑用于分辨语音、做出回应并输出语言的组织模块。

与笛卡尔一样，乔姆斯基不仅研究语言科学，还研究心智科学，说明语言和心智都是心智科学发展的结果。乔姆斯基 20 世纪 50 年代开始阅读哲学著作，受到那些伟大哲学家们的影响，并开始勾勒蓝图，发展一种框架研究心智和语言，一种理性主义路径，不同于经验主义。他认为经验主义主要是研究相似性类比，无法解释语言的创造性；理性主义认为人类运用语言具有灵活性、创造性。主要是由于人类心智具有内在结构，心智内容促成语言的创造性。1959 年，乔姆斯基对斯金纳的《语言行为》一书做出长篇评论。他对斯金纳的批判虽然也涉及不同语言行为的功能，但主要集中对斯金纳行为主义理论批判，也是对行为主义心理学的批判。

乔姆斯基认为动物的条件反射行为不应该应用到人类身上。我们必须假定大脑中已经存在某些看不到的实体。他对斯金纳的研究方法和基本假设的批评结束了行为主义对语言研究长达几十年的统治地位。他要寻找一种新的语言研究路径，于是在 20 世纪 50 年代后期提出转换生成语法，对结构主义描述语言学造成巨大的冲击。《句法理论》标志着现代认知革命的开始。转换生成语法自提出到现在，经过了五个阶段的发展。在句法理论中，乔姆斯基主要提出转换语法理论，以及转换语法的构成，是第一个阶段，属于经典理论。短语结构构成语法基础，通过转换规则输出形态音位形式。句法理论以理想语言为研究对象，在转换过程中没有考虑语义解读，因此输出错误形式。

因此，乔姆斯基对句法理论补充，并于 1965 年以《句法理论的几个方面》出版，将语义结构成分增加到转换语法中，认为语言学理论应该研究语义；这一阶段是标准理论阶段。第三个阶段是扩展的标准理论，主要集中讨论语言普遍性和普遍语法。第四阶段发展主要是对第三阶段的修正，是修订扩展标准理论，主要探讨管辖和约束理论。最后一个阶段就是最简方案，是对管辖和约束理论的修正。转换生成语法发展的各个阶段就是普遍语法的早期发展。普遍语法理论的发展阶段如表 4-1 所示。

表 4-1 普遍语法理论的发展阶段

时间	理论	关键词	著作
1957 年	转换生成语法（经典理论）	改写规则、转换、生成、核心句	句法理论
1965 年	标准理论	语言能力 / 语言行为 深层结构 / 表层结构	句法理论的几个方面
1972 年	扩展标准理论		生成语法中的语义问题
1981 年	管辖约束理论（管约论）	原理、参数、D 结构和 S 结构、移动	管辖与约束理论讲座系列
1990 年	最简方案	计算体系、界面条件、完美性	最简方案

乔姆斯基通过两个层面发展普遍语法。

一个层面是通过语言的普遍概念和语言习得理论。理论的根基就是乔姆斯基对语言能力和语言行为做出的区分，可以追溯到 20 世纪 50 年代末到 60 年代中期，之后的研究一直是以语言能力为主，还延伸到对心智和心智表征的研究，也是对普遍语法理论的认可。

另外一个层面就是描述句法。上述提到的著作也是各个理论发展时期句法描述的结果，各个阶段运用不同核心词描述普遍语法。第一阶段句法理论组要介绍“生成语法”概念，强调通过改写规则生成形式描述，如句子可以改写为名词短语和动词短语，强调生成核心句的短语结构规则与转换规则的独立性。核心句可以通过转换规则生成被动句、否定句和疑问句。最典型的例子就是“Colorless green ideas sleep furiously”，语法上句子正确，语义上讲不通，乔姆斯基主要说明句子独立于语义，因此第一阶段句法理论中在句法解释中将语义限制排除在外。第二个阶段理论是对第一阶段经典理论的发展，超越第一阶段句法理论成为标准理论。1965 年乔姆斯基的《句法理论的几个方面》问世，后来被称为标准理论。这一阶段乔姆斯基对转换生成语法的解释更为深入，也成为乔姆斯基语言学理论框架形成的奠基之作。《句法理论的几个方面》是乔姆斯基认识论假设的充分体现，借助于符号和规则将语言学理论形式化，语言学科学似乎更像科学。主流语言学研究逐渐由行为主义范式的经验主义转变为心智主义、理性主义和生成主义，把研究对象变成人类心智研究，一种与语言学习和语言输出有关的抽象的内在运行机制。这一理论主要是在区别语言能力和语言行为基础上形成的。他认为我们应该认可句子有两种结构，深层结构和表层结构。表层结构相同的句子可能深层结构解读不同，主要取决于潜在的名词和动词关系。

乔姆斯基在20世纪70年代对标准理论进行扩展，重新修改了句子转换规则。20世纪80年代管辖和约束理论初步形成，简称管约论。管约论认为人类语言由管辖语法的原理和参数构成。深层结构和表层结构术语也得到精炼，成为术语概念D结构和S结构。普遍语法的管约论在语言知识中做出详细说明。尽管乔姆斯基用到管辖和约束理论作为句法主要描述理论，但他认为这个理论容易误导读者，所以又更名为“原理与参数”理论。他认为原理与参数理论更适用于描述句法特点。乔姆斯基并没有停下普遍语法发展的脚步。20世纪80年代晚期，他提出“最简方案”理论，体现在1993年和1995年的“最简方案”和“最简方案”修订。“最简方案”主要阐述理论的普遍特点，通过简化语言知识适用于所有语言普遍原理，并对词汇附加参数。尤其是“最简方案”修订，就像奥卡姆剃刀一样，乔姆斯基取消了管约论中很多具体理论，提倡最少操作过程，最短运动距离。

三、普遍语法理论的主要内容

（一）原则–参数

乔姆斯基语言理论具体体现在原则–参数理论的几个模型中，主要有句法结构模型、标准理论模型、管辖和约束理论模型等。乔姆斯基的自然主义方法论体现在每一时期语言研究的实际操作中。标准理论初级阶段深层结构与表层结构表征转换过程中涉及具体的转换规则和具体的转换模型。标准理论中，乔姆斯基在转换过程中增加了语义限制条件，具体为谓词和论元都增加了一些语义限制规则，以免输出不符合语法规则的句子。管辖和约束理论中，增加了成分要求规则，从而揭示句子的合法性。“最简方案”中，依据奥卡姆原则，句子成分移动最短距离，对一般疑问句和特殊疑问句的解释提供了简单解释方案；在参数和原则中，原则恒定不变，参数由有限数值构成，是一个变量，这个参数由于语言不同而呈现不同的值或者参数。

乔姆斯基的语言理论运用到数学符号和概念以及规则来解释语言现象，是基础科学在语言能力研究中的应用，符合语言的科学研究精神，是语言的科学研究第一人，为我们努力探讨实在世界提供新思路、新方法，值得我们去研究。

儿童习得语言过程中，由于具备普遍语法，具有语言能力，语言发展迅速。

儿童听到其父母语言时，会无意识地搞清楚父母讲的到底是哪种语言，并默认这种语法，将语言能力设定为正确语言，这就是所谓的“参数设定”。他们的直觉可以辨认哪些词是动词，哪些词是名词，以及构成短语的规则。这种能力绝不是父母教会的，而是生来就有的先天信息，这种语言学习工具，生而有之，乔姆斯基称之为“语言习得机制”，阿卡马基恩还进一步解释儿童如何运用这些语言习得机制习得语音、词汇和句法。

普遍语法能力也说明儿童可以掌握多种句式和短语并从中抽象出语法规则，形成自己的语法，依据这些语法规则输出创造性话语，包括以前从来没听过的话语和从来没输出过的话语。经年累积，儿童掌握语言后，会适度调整自己的短语、句子以及语法规则直至完全与成人匹配。乔姆斯基认为，儿童习得语言的关键期是两岁到七岁，语言习得能力和走路一样，都是人类的内在能力之一，在特定发展水平和发展阶段被激活，受到环境影响，但绝非外界环境所决定。也就是说，只要儿童听到语言，任何一种语言，且他到达语言习得的关键期，他都会很好地习得语言并输出语言。因此，如果儿童处于语言关键期没有听到任何语言，没有任何语言输入，则不能习得语言，也不会讲话。这是关键期假设。

原则–参数路径是一种理论框架，是一种思考语言的方法。这种理论始于乔姆斯基 80 年代早期的著作。20 世纪 90 代以后甚至 2000 年之后的最简方案也是在原则参数框架下研究，尽管研究过程中经历了删减、修改甚至简化。原则参数理论是对语言知识的思考，“最简方案”就是尽量减少语言操作过程，使语言理论达到最简。乔姆斯基最终得出，语言学的任务就是要回答以下几个问题：语言知识由什么构成？语言知识如何习得？如何运用语言知识？语言知识和语言运用的物质基础是什么？语言知识的运行机制是什么？

（二）规则系统和原则系统

普遍语法是语言知识的基础，语言不是规则系统，而是普遍语法原理的具体参数。由于语言差异而造成变量之间选择有限，这就是参数。乔姆斯基把规则变为原理是其思想的一大进步。普遍语法不研究诸如被动句、关系句和疑问句等具体句法结构，也不研究具体语言规则。与其说被动句是一种独立结构，倒不如将被动句解释为原理和参数互动的一个产物。

普遍语法包括规则系统和原则系统两大部分，如图 4-1 所示。

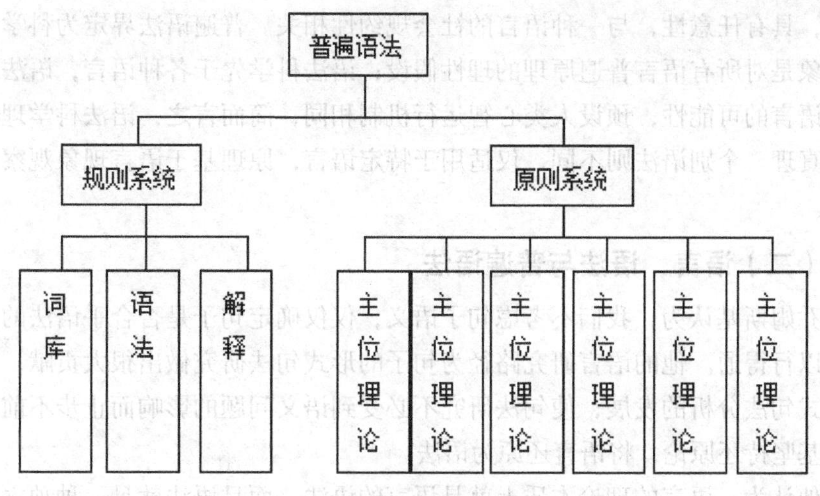

图 4-1 普遍语法系统结构图

四、语言、语法与普遍语法

（一）普遍语法与个别语法

“普遍语法”是一个原则系统，它规定个别语法如何组成，这些组成部分的种种规则如何建立，它们又如何相互作用来刻画各类可能语法的特性。个别语法包括改写规则、转换规则、词汇规则、语义解释和音位解释规则。

普遍语法代表人脑在经验以前的初始状态，在经验的作用下，经过一系列状态的变化，最后形成了个别语法的状态。普遍语法最后表达为某一种个别语法。

笛卡儿语言学框架中，语法描述主要关注语音和意义：即，对于每一个句子而言，深层结构确定语义内容；表层结构确定语音形式。语法可以通过有限规则生成无限句子结构，语言使用者运用有限手段表征无限心智状态和心智行为。然而，笛卡儿语言学不仅仅研究描述性语法，而且研究普遍语法，即研究语言结构的普遍理论，进而区别什么是普遍语法，什么是个别语法。杜·马塞斯描述如下：普遍语法适用于各种语言。例如，每一种语言发音和字母就是这些声音的符号，词语按照一定顺序组合才能形成意义。除了语言共性外，语言还有一些个体差异，这些个体差异构成个别语法，个别语法是个别语言特有的现象。

因此，普遍语法具有语言普遍性，是一种理性科学理论；个别语法是一种艺术，具有任意性，与一种语言的社会规约性相关。普遍语法界定为科学，研究对象是对所有语言普遍原理的理性假设；语法科学先于各种语言，语法理论预设语言的可能性，预设人类心智运行机制相同；简而言之，语法科学理论是永恒真理。个别语法则不同，仅适用于特定语言，原理基于语言现象观察得以确定。

（二）语言、语法与普遍语法

乔姆斯基认为，我们不考虑句子语义，仅仅确定句子是否合乎语法的语言观可以行得通。他的语言研究路径为句子的形式句法研究做出很大贡献，促进了形式句法分析的发展，使句法研究不必受到语义问题的影响而止步不前。乔姆斯基坚持还原论，将语言还原为语法。

他认为，语言的理论本质上就是语言的语法，而且语法就是一种独立于语义的自足研究。语言学研究就是语法研究，语言等于语法，不包括语义。言语研究中，语法具有优先权，不考虑语义，也不考虑语言使用的语境、个人背景和社会因素。乔姆斯基认为语义学和语用学都不能作为语言研究的核心部分。语义和指称的研究以及语言实际使用研究应该排除在语言学研究对象之外，他甚至认为句法和语义不存在界面问题。语言分析的核心就是语法分析，就是句法分析，自然语言主要由内在计算过程和内在运行机制构成。他的还原主义在“最简方案”中做了进一步介绍。他在《自然的奥秘》一文中还表达出将语言知识还原为数学基础的希望。

第三节　语言学习理论

一、人本主义语言学习理论

人本主义学习理论倡导以人为本、以学生为中心，主张创设轻松和谐的语言环境，关注学生情感和认知，注重学生的学习感受和自我评价，从而帮助学生进行自由学习。人本主义语言学习理论认为，语言教学不仅是教语言，而且是帮学生得到自身的发展。这与外语教学中语言学习的目标高度契合，若能在二者之间找到结合点，将有利于缓解学生的心理压力，调动其自主性和积极性，帮助学生提高口语交际能力。

（一）对传统外语教学法的挑战

人本主义理论对教育教学的影响十分深远，也对传统外语教学法提出了挑战。

首先，近些年来，教学模式随着新课改的深入推进也发生了相应的变化，教师在知识传播中的角色定位发生了变迁，教师逐渐由原来知识的传授者转变为知识的引导者、协作者。这种变迁对于学生的学习方式的变化产生了较为重要的影响，学生不再是知识的被动接受者，而变成知识的主动汲取者，其带来的直接影响就是，现在的教学要求教师发挥学生的主体地位，教师在传授学生英语知识和技能的同时，更为重要的是注重学生对于英语学科的态度和情绪。

其次，为学生营造和谐、愉快的学习氛围也是教师在英语教学过程一个非常重要的课题，当学生处于轻松、包容的学习环境的时候，他们就能够放松心情从而积极地参与到教学活动中来。

再次，教师在设定英语教学目标时应该贴近实际，用生活中的情境将学生代入学习的情境之中，从而实现让学生在做中学的学习效果。这样也能够降低学生在学习英语时的焦虑感，使得学生能够结合生活常识来表达自己的所思所想。

最后，改善英语学习不是一蹴而就、纸上谈兵的事情，要引导学生自己亲自使用改善英语学习焦虑策略，从而让学生体验掌握策略后对自己英语学习的影响，最终激发学生学习的潜能。

综上所述，人本主义学习理论对英语教学中学生情感因素的培养给予了充分的关注，并为学生创设轻松愉快的学习环境和降低外部威胁提供了有力的保障和支撑。积极的情感态度有利于促进学生主动学习和可持续发展，人本主义语言学习理论应当受到英语教育者的重视和关注。

（二）人本主义教学原则

1. 以学生为中心的教学原则

以学生为教学活动的中心，充分尊重学生的个体差异，激发学生学习的自主性，并根据学生实际需求有针对性地开展教学，做学生学习的引导者。在进行教学设计时，充分秉承这一教学原则，在与学生交流和课堂观察中，深入了解不同学生的文化背景、性格特点、汉语水平以及课堂表现情况，以学生的实际学习需求为出发点，有针对性地安排教学活动；让学生在轻松和谐的学习环境中，充分发挥学习的自主性，以积极健康的情感状态学习口语，提高口语交际能力。

2. 交际性的教学原则

外语教学要以最大程度地形成所必需的语言交际能力为出发点，使学生具备初步的成段表达和正确表达感情的能力。教师在教学过程中多设置一些交际性活动，既能帮助学生提高运用汉语进行交际的能力，满足学生的日常交际需要，还能提高其学习汉语的积极性。在外语教学过程中，教师课前会选择实用化、生活化、学生感兴趣的话题，与学生亲切交流；课堂上设置一些如角色扮演、小组讨论、学生讲解生词、复述课文竞赛等活动；并在教学活动的最后引导学生分享学习心得，以丰富师生之间、学生与学生之间的互动交流，让学生在具体实践中提高口语交际能力。

（三）“以学生为本”英语教学法的具体实施

1. 英语口语课教学实施

“以学生为中心”的口语课堂，应该成为学生用英语来表演的舞台，成为学生用英语“谈天”“辩论”的场所。这就需要教师充分利用教材的各项口语教学内容，来引导学生开口。英语教材中所设计的口语训练题材丰富、内容广泛，而我们的学生虽然大多处于兴奋想开口的心理状态，但又不知如何开口，羞于开口。这时需要教师采用轻松、多样的教学组织方式来营造轻松、愉快、和谐的课堂气氛，使学生融入谈天说地的舞台中。教师还应在备课时充分、周密地准备与课题有关、丰富的口语会话材料，来帮助学生完成各种以“学生为中心”的口语学习，有助于激发学生说英语的兴趣，同时也需要教师更充分、更认真地备课，及时发现学生的进步、学生的不足，尽可能用积极肯定的语言对学生出现的问题进行指导帮助，以达到训练之目的。

2. 英语精读课教学实施

“以学生为中心”的英语教学方法较之传统的英语教学方法更具优越性。它使学生贴近了英语，真正做了学习的主人，可以把自己之所思、所想运用到听、说、读、写的各项语言活动中，学会用英语去思考、去听、去译的本领，他们的学习积极性和主动性都大大增强，学习效果明显提高。在实施“以学生为中心”的英语教学法中，教师应该根据教材和学生的不同特点，灵活地处理教与学的关系。因学生的英语水平参差不齐，对英语学习的主动性和积极性也有很大差别，教师只有针对这两方面的不同特点因材施教，围绕“以学生为中心”的教学原则，采取灵活多样的教学方式，突出重点，大胆处理教材，才能解决教学中遇到的实际问题，更好地培养学生对英语语言的综合应用能力。

二、信息加工理论

（一）加涅的信息加工理论

加涅（Ganie）是公认的将行为主义学习论与认知主义学习论相结合的代表，于20世纪30年代开始研究人类学习问题，运用现代信息论的观点和方法，建立了学习的信息加工论，着重运用信息加工模式解释人类学习活动。他认为，学习的主要模式是信息加工模式，展示了学习过程中的信息流程。这一模式表示，来自学习者的环境中的刺激作用于他的感受器，信息最初在感觉登记器中进行编码和登记，为在短时记忆中贮存进行选择性知觉，然后通过复诵保留在短时记忆中，之后信息又经过语义编码进入长时记忆中进行贮存，在日后需要对其进行回忆时，信息又从长时记忆中提取至工作记忆，通向效应器的反应生成，在学习环境中影响学习者的作业表现。

在这一过程中，还要注意激起学习者的学习动机，并以执行控制策略监控整个信息加工过程。学习过程是一种信息加工过程，教师正是对信息加工理论有着深刻的认知与理解，才可以反过来运用信息加工理论指导教学实践，根据学习过程科学设置相应的教学活动，指导学生学习。

加涅在学习的信息加工理论领域的研究以及将该理论运用于教学实际的富有成效地探索，为教学活动的设计提供了有益的指引。

（二）信息加工理论对研究英语教学的意义

1. 理论意义

第一，信息加工理论是基于学生学习过程中的信息加工流程与学习过程的不同阶段发展而来，对实际教学的指导很有启示。以信息加工理论指导英语课堂教学，有利于英语教师科学合理地运用诸如吸引学生的注意力、让学生带着问题去学习、突出教学的重点、引导学生经过复述、理解与解释来增强对知识的记忆等策略来开展教学工作。同时，填补了将信息加工理论运用于英语课堂教学中指导学生心智培养的实践真空，为英语教师培养学生的心智提供了一定的方法论基础，推动英语教师的专业能力的进一步发展。

第二，能一定程度上丰富英语教师在英语课堂教学中培养学生心智的方法，促进其教师素质的提升。学生心智的培养不是一蹴而就的，需要全体教师的共同努力，英语教师也不例外。把信息加工理论运用英语教学中指导学生心智培养的研究结果能够在一定程度上丰富英语教师培养学生心智的方法与策略，而能否透彻领悟信息加工理论并将其贯彻落实到英语课堂教学中来指导学生心智的培养，是英语教师利用教学实践来验证理论真理性和丰富理论内涵与外延的过程，有助于弘扬信息加工理论，对英语教师的教师素质既是一种考验也是一种锻炼与提升。

2. 实践意义

第一，运用信息加工理论指导学生的心智培养，为英语教师在课堂教学中培养学生的心智提供一定的思路与方法、机会与平台。信息加工理论是对学生学习的内部加工过程的分析与综合、抽象与概括。以信息加工理论指导英语教学可以使学生的心智活动过程可视化，有利于英语教师在教学过程中监督学生的心智发展情况，科学指导学生的心智培养，为英语教师培养学生的心智提供思路与方法、机会与平台。

第二，运用信息加工理论指导学生心智的培养的实践，有助于验证理论的真理性与实效性，丰富理论的内涵与外延，同时也是理论发展的目的与归宿。对于英语教师而言，在课堂教学中运用信息加工理论指导学生心智培养的过程，是验证信息加工理论是否具有教学功能的实效性的过程，也是用实践来丰富理论内涵与外延的过程，经历了理论的抽象变为具体再上升到抽象的过程，同时也是理论发展目的与归宿。有利于加深英语教师对于信息加工理论的理解与认知，并将所获得的教学经验与实践性知识转化为教师个人的教学理念，提升英语教师的教师素质。

（三）信息加工学习模式

美国著名的教育心理学家加涅于 20 世纪 70 年代根据现代信息加工理论提出了学习的信息加工论。该理论阐释了学习过程的加工模式，即刺激信息从进入感受器开始到最后作用于感受器产生反应行为。加涅据此模式将学习活动分为动机、了解、获得、保持、回忆、概拆、作业与反馈阶段八个阶段，各阶段又分别对应了期望、注意、编码、记忆贮存、提取、迁移、反应和强化八个内部学习过程。

由此，加涅认为学习是一个信息加工的过程，学习过程是由一系列的教学事件构成，包括激发动机、把目标告诉学生、指导注意、刺激回忆、提供学习指导、增强保持、促进学习迁移、让学生做作业与提供反馈等。英语教师正是依据教学事件来设计教学活动。因此，教学事件从定程度上而言也是英语教师的教学活动设计。信息加工学习理论启示教师要在实际教学过程中注意吸引学生的注意，让学生带着问题去学习，突出教学的重点，引导学生复述重点内容并用原有知识来理解和解释重点内容，这为教师培养学生的心智提供了有益的指引。

我国学者对加涅的信息加工理论进行探讨并运用于指导教学实践。徐碧波从信息加工理论与加涅的学习观角度简要阐述了加涅的信息加工理论的发展历程，并从学习的信息加工模式系统阐述了学习的过程（八阶段）、学习的条件（内部条件与外部条件）、学与教的关系，就加涅学习观的基本轮廓分析探讨了学习理论与教学实践的关系、学与教的关系、教与学的程序化。

田宗友从教学设计的角度将加涅与皮连生二人的信息加工模式进行了对比与分析，提出依据信息加工理论设计的教学活动，除符合学生认知学习过程的一般规律外，还具有清晰性、预见性和可操作性的特点，还提出了一些具体设计教学活动时的注意事项。

郭斯萍从加涅的信息加工学习理论及其教学模式的角度探讨了学习与记忆的信息加工模型，阐释了学习者内部信息加工的过程与学习过程的意义对应关系。学习是学生与其环境之间相互作用的结果，学习过程就是个信息加工的过程。教师要想影响学生的学习过程，在教学中必须注意激发学生回忆以前学得的知识和能力，引起注意与告知目标、知识的组织化呈现、反馈的准备。

万星辰将加涅的信息加工理论与教学实践相结合，分别探讨了学习过程中的信息加工的八阶段并提出了教师在各阶段的指导学生学习的可操作性教学建议。他认为教师在学生学习的不同阶段教学的侧重点也不同，在选择教学媒介时要考虑学习情境的不同性质、学习者的特点和所处的学习阶段，要遵循不同学习阶段的特点来创造最佳的外部条件以提高教学的质量。

马辉结合教学实例分析了加涅的信息加工学习理论在教学中的实际运用，以信息加工的模式指导各教学环节的活动设计。

综上所述，国内学者主要从加涅的学习的信息加工理论的角度探讨了学生学习与教师教学之间的关系，认为学生学习的过程是一个信息加工的过程，教师要结合学生的认知特点和学习的不同阶段来设计教学活动，这样的教学活动由于具有清晰性、可预见性和可操作生强的特点，有助于教师为学生创造最佳的学习条件，提高教学的质量。

（四）信息加工理论对外语教学的启示

1. 重视唤起学生的“注意”

在教学过程中必须明确学习目标和任务，突出重点和难点。注意的能量是有限的，感觉登记器中摄入大量的语言信息不可能同时被注意，这需要选择性的注意：教师在教学过程中，应使学生明确学习目标和任务，留心教学的重点和难点，这些重要的语言信息在感觉登记器中消失之前就能受到“注意”。其次，因为学生的注意发生与保持，是以良好的情绪状态和兴趣为条件的。

2. 增大短时记忆的信息含量

讲课要有节奏感，要让学生有复述的机会，经过复述、精细加工和组织编码等使短时记忆的信息得以保持并转入长时记忆系统。为此就必须引导学生运用复述策略：复述有保持性复述和整体性复述两种。这就要求教学要保持适当的速度，让学生有复述的机会。短时记忆的能量是有限的，为此提高组块水平，优化组块方式，是提高短时记忆质量的首要条件。

3. 使知识结构化

在外语学习中，许多人首先学习的是语言知识。知识要长时间得以贮存，仅靠复述是不够的，必须进行精细加工。一是双重编码，二是靠建立知识结构与知识网络。双重编码就是对语言知识（信息）同时赋以语义和形象编码。

4. 促进知识迁移

记忆的关键不在于贮存多少信息而在于提取出多少信息。贮存在长时记忆中的语言知识，必须提取并转入短时记忆不断加以运用，才能长时保持。因此，教师应鼓励学生在日常生活中经常运用自己的已学知识，如在旅游旺季给外国人当导游、假期做家教等这样经常运用知识解决实际问题，可促进知识的迁移，并同化新的知识。

第五章　现代外语教学与文化交融

长期以来，由于我们在外语教学上对于所学语言的民族文化重视不够，往往只重视语音、语法、词汇、语言形式等方面，而忽视语言形式的社会意义，忽视语言在实际场合的应用，忽视了文化教育，结果是我们的学生虽然都有较为牢固的语言、语音和语法基础，掌握了大量词汇，常常是能够认得或听懂文章中所有的单词，却因为文化知识的缺乏，而不能较好地理解整段文章的内容。这样，了解文化的内涵，明白语言与文化的关系，在外语教学中融入文化就显得尤为重要。本章分为文化教学与文化自信、现代外语教学与文化教学、外语教学与跨文化交际能力、大学外语教学的文化自信教育四部分。主要内容包括：文化教学的重要性、文化自信相关理论、外语教学中的文化认知及文化导入、现代外语教学中文化渗透的意义、现代外语教学中文化教学存在的问题等方面。

第一节　文化教学与文化自信

一、文化教学的重要性

（一）文化教学是语言教学的一部分

文化教学是英语教学的重要组成部分。传统的英语教学主要包括语言、语法、词汇和修辞四个方面。它们既是英语语言的四个要素，又是我国英语教学的中心任务。但是，仅仅掌握这四个方面并不意味着就掌握了语言的全部内容。这是因为语言与文化紧紧相连，密不可分。

任何语言都是某种文化的反映，英语也不例外。学生如果仅掌握了英语的语言、语法、词汇、修辞，却不了解英语语言所承载的文化，就很难正确理解和使用英语。由于语言既是文化的产物，又是文化的一种表现形式，因而语言的使用必须遵循文化的规则。换句话说，文化决定思维，也决定语言的表达方式。

综上所述，语言与文化有着密不可分的关系，两者相互影响、相互作用。语言渗透于文化的各个层面，是文化的重要组成部分，因此语言的学习不可脱离文化而单独进行，从某种意义上讲，外语教学就是文化教学。

（二）文化教学是实现跨文化交际的关键

英语教学的最终目的是发展学生的英语交际能力。近年来，随着我国与其他各国关系的日益密切，英语的作用也日渐突出，社会对英语人才的需要也更加迫切。在这种形势下，教师除了要向学生传授语音、词汇、语法等基础语言知识，培养学生的听、说、读、写、译等技能外，还要向学生传授英语语言的背景文化知识，包括历史、地理、风俗习惯等，特别要引导学生了解中西方文化的差异，最终培养学生的跨文化交际能力。

（三）文化教学是促进国际交流与合作的需要

外语教学的根本目的在于与不同文化背景下的人进行交流，促进、加强我国与其他国家的对话与合作。在全球经济一体化的今天，文化领域的相互交融也不容忽视。同时，提高学生的外语交际能力，已经成为我国经济发展和教育改革的一个迫切需求。因此，我们要意识到，外语教学是跨文化教学的一环，要将语言、文化、社会看作一个密不可分的整体，并在教学大纲、教材、课堂教学、语言测试、课外活动中反映出来。

二、文化自信相关理论

（一）文化自信的内涵

文化自信可以分为“文化”与“自信”两个词，只有明确它们各自的含义才能明确文化自信一词的含义。

关于文化，有广义与狭义之分。从广义上讲，只要是与人类实践活动相关的事物，都可以统称为文化。广义上的文化虽然揭示了文化的根本来源与传输主体，但其概念太过宽泛。相较于广义的文化，狭义的文化就更为精确。从狭义上讲，文化是由人类的社会实践活动衍生出来的规范与观念的集合。狭义文化是意识形态与精神层面的产物，因此文化的表达需要依托于一定的现实形式，于是便形成了各种文化载体，但是其根本要义始终还是在于精神。随着社会生产力的发展进步，人类的文化也在不断升级，逐渐由单一的文化形态发展为许多各自独立的板块，这其中就包括宗教、情感、伦理、道德等，每一个板块都与人们的生活具有密切的联系。由此可见，狭义的文化更加符合文化自信中所包含的“文化”一词。

“自信”一词是一个心理学的概念，它代表着一种相信与肯定的力量，是从一个人自己的内心深处焕发出来的对自己的认同感。自信的前提是对自信的客体进行全面细致的了解与判断。自信的依据是将自信客体与客体对比物进行比较与分析，以此避免不合理自信的出现。自信不应当是对他者盲目的否定，也不应当是对自己盲目的肯定，而应当是一种在理性认知、分析、判断的基础上，以积极心态引导的正面心态。

综上所述，文化自信是文化主体在对本土文化进行理性认知、分析的基础上，在将本土文化与外来文化做出合理对比后，形成的对于本土文化的肯定与认同，是一种源自内心深处的情感共鸣，最终逐渐形成文化认同意识与行为。文化自信是主体自信在文化领域的一种深层发展，它代表着文化主体在对本土文化进行认知的基础上能够形成对本土文化内涵正确的理解，在将本土文化与外来文化进行对比后能够形成对二者之间正确的对比判断，进而对本土文化的生命力具有顽强的信念，并对本土文化未来发展的走向持积极态度。值得一提的是，文化自信的培育与建立并不是一个一次性出成果的事情，而是一个连续不断的过程，由于文化是由人类的社会实践活动衍生出来的规范与观念的集合，所以随着人类社会实践的发展，人类的文化也在不断丰富发展，而文化自信的培育与建立也要在横向的对比与纵向的积累中持续进行。

（二）文化自信的生成逻辑

文化自信的生成是一个具有内在逻辑的情感思想演变与现实行为塑造的过程，包含“知、情、意、行”四个阶段，“知”代表文化认知、“情”代表文化认同感情、“意”代表文化认同意识、“行”代表文化传承与创新的行为。在四个阶段层层递进，相互交融的过程中，文化自信也逐渐生成。

这个逻辑过程的起点是文化认知。人们对于一个事物给予认同与肯定的基础是对该事物具有全面客观的了解。所以要想产生对于本土文化的自信，首要的一点就是对本土文化进行全面细致的学习。具体要学习的就是具有中国特色的社会主义文化，即传统文化、革命文化以及社会主义先进文化，要学习这些文化的形成过程，准确理解这些文化的基本内容，努力感知文化当中蕴含的精神追求，它们代表着中华民族文化的价值意蕴，是中华民族复兴之旅的不竭动力。对于这些文化的认知应该是精准的、科学的、深层的，不能曲解文化含义，也不能浅尝辄止地将学习只停留在表面，要做到边了解边思考，深入其中的进行学习与感悟。文化认知是文化自信生成这一逻辑过程的起点与基础，为下一步文化认同情感的生成提供了动力。

有了文化认知作为基础和动力，文化自信形成的逻辑过程就会进行到下一阶段，即文化认同情感的生成，这是建立文化自信的情感源泉。文化认同情感主要分为两大部分，每一大部分又分为两小部分。首先是第一大部分，对待本土文化的情感。对待中华民族优秀的文化时，首先应具有对其价值内涵与精神导向的认同情感，应对其未来的发展态势报以十分的肯定与充足的信心，其次是鉴古明今，纵向对比，去其糟粕，扬弃的继承。第二大部分是对待外来文化的情感。对待外来文化首先应该敞开胸怀，不对外来文化进行盲目的否定，而是秉持客观的情感态度感受外来文化独特的魅力，取其精华，择优借鉴。其次，对待外来文化的情感还应该是具有自我立场的，在将外来文化与本土文化进行横向对比的过程中，要有鉴别文化的能力，不能失去本土文化的主体情感立场。

在文化认同情感形成的基础上，将这种情感进行更深层面的升华使之达到一种意识，文化自信生成的逻辑过程即进入下一阶段——文化认同意识阶段。相较于文化认同情感，文化认同意识更为坚定，是一种更高级的精神形态，比文化认同情感更加的自觉、客观、稳定。它的自觉性体现在，在面对多样文化时可以自觉排除劣质文化干扰，坚守正确的文化价值信仰。它的客观性体现在，身处复杂的文化环境中时，可以客观的对自己接触到的文化进行区分与判断，明确哪些是先进积极的文化，哪些是腐朽消极的文化。它的稳定性体现在，一旦文化认同意识形成，那么文化主体便会一以贯之、从始至终地做出正确的文化选择。

文化自信生成逻辑过程的最后一步是体现在行动上地对文化的传承与创新行为，即在文化认知、文化认同情感以及文化认同意识的基础上不断扩充自身的文化储备知识，自觉践行中国特色社会主义文化中所蕴含的精神理念，积极开展并参与文化互动交流活动，促进本土文化的传承发展繁荣，以积极开放的态度推动其创新发展，只有这样，中华优秀文化才能因时而动，与时俱进，永葆青春活力。文化实践行为的落实是文化自信的高级阶段，也标志着文化自信的生成，只有积极践行文化传承与创新的行为，中国特色社会主义才能紧跟时代发展的浪潮，展示出自身生生不竭的创造活力，并以一个全新的面貌屹立于世界文化之林。

对文化的科学认知，是产生情感价值认同的前提；对文化认同意识的形成是文化认同情感更深层的表现形式；在对文化拥有认同意识的基础上，才能转化为文化传承与创新的现实行为。文化认知是文化认同情感、认同意识、文化传承与创新行为的前提和基础；文化认同情感为文化认同意识与文化传承创新提供了情感支撑与精神力量；文化认同意识调节着文化认知、文化认同情感，并催生了文化传承与创新；文化传承与创新则是文化认知、文化认同情感、文化认同意识的最终归宿。以文化认知为起点，经过文化认同的价值与情感肯定和文化认同意识的升华，再到文化传承与创新的现实行为转化，这一过程体现了文化自信的完整生成逻辑。

（三）文化自信的当代价值

1. 文化自信是理解中国特色社会主义的新向度

中国的社会主义制度和中国共产党的性质、宗旨、纲领共同决定了必须坚持走社会主义文化发展道路，大力发展与提升中国特色社会主义文化自信，这是改革开放四十多年的伟大实践经验之总结，更是对五千年中国传统文化的凝练提升。中国特色社会主义文化发展道路是一条不断孕育先进思想文化的道路，是一条体现文化自信、趋近文化自强的正确道路，植根于这条道路的文化自信更具强大的生命力、感召力、凝聚力、创造力。“我们要坚定中国特色社会主义道路自信、理论自信、制度自信，说到底是要坚持文化自信。”相较于其他三个自信，文化自信更侧重于精神层面和价值领域，是其他三个自信的内在要求、必然结果与深远目标，能使理论自信更有理性、道路自信更有行动、制度自信更有保障，能够使中国特色社会主义更加令人“心悦诚服”。

文化自信本身与其他三个自信密切关联，是构成“三个自信”的基础。没有对文化共同体的认同，就没有对共同坚持的发展道路、共同建构的基本理论、共同遵循的基本制度的了解与认同；没有共同的文化体验和社会心理皈依，就不可能有对共同的道路定位、理论指引、制度安排做深刻的适应与同化。离开了文化自信，道路、理论、制度就会丧失根本的社会心理基础与文化价值支撑，就会失去凝聚共识、不断创新的内生动力。文化自信为世界呈现了中国特 色社会主义道路兼具独创性与普适性的文化价值样态，扎实奠定了中国特色社会主义理论的深厚文化基础，向世界清晰展示出中国特色社会主义制度的文明水平。道路自信，理论自信，制度自信也只有植 根于并积淀为深厚的文化自信，才能真正衔接起社会生活和民族历史，才能真正获得持久的生命力与广泛的影响力。成熟的文化自信，可对中国特色社会主义发展目标、根本理念、推进路径在上层建筑层面进行思辨论证。对建设中国特色社会主义伟大实践中，社会生活、文化现象、心理转型等在意识形态领域进行解析反思，对西方世界针对中国特色社会主义提出的质疑诘问给予有效解答、不同立场视角给予及时回应，以此，构筑和提升兼具战略高度、视野广度、历史厚度、对现实透析深度的文化自信，中国特色社会主义才能更为清晰准确地核准定位，明确目标，激发动力。

2. 文化自信是应对西方异质文化冲突的心理支撑

随着冷战的结束和后冷战时代的到来，人们的文化意识得以恢复，不同文化之间的差异更加明显。划分人群的重要特征，将不仅是政治的、经济的，更重要的是文化的区别。在全球化深入发展的时代，政治经济的弥合无疑成为重要趋势，全球化发展也必然将文化交流引向纵深，但这并不意味着不同文化发展趋向同质性、同向性。应当看到，文化发展必然地呈现为一种相互交融的多元性、异质性特征。社会主义文化在多元文化耦合进程中，正面临来自西方文化思潮与国内价值取向多样化的双重冲 击与渗透。人们对共产主义信仰、社会主义理想的认同，对社会主义文化的认同受到严重削弱和动摇。中国作为最大的发展中国家，中华文明作为唯一没有中断的四大古文明，要想在西方文化无限度扩张、侵略的格局下，在意识形态、文化思潮相互涤荡冲击中，使中国特色社会主义文化永葆生命力，就必须树立高度的文化自信。高度的文化自信可以使国家或民族在不同文化 的洪流中，保持自我的同时面对世界—— 一方面深入进行文化反思，客观评价自身文化价值和历史传统，另一方面对当前世界文化格局了然于胸，自信成熟地看待自身文化的独特优势和发展前景，对中国文化发展路径有科学规划与坚定信心。开阔对外来文化关注视野，对外来文化包容、借鉴、吸收，补给中华文化以丰厚养分，是在相互激荡、冲撞的世界文化中站稳脚跟的重要保证，更是对自身文化充满信心的另一层表达。

3. 文化自信是建设社会主义强国的精神引擎

从一定意义上说，文化处在社会主义强国建设的深层轴心位置，所有发展战略都应围绕文化这个轴心开展。政治、经济资源可以为政党所用，凝聚人心，集中物资，激发力量；政党夯实党的执政根基，牢牢掌握政权，取决于它丰富的文化资源，取决于它对先进文化发展的主导地位，取决于是否具备在先进文化引领下带领人民建设国家的能力。建设社会主义强国，文化自信既是重要手段，也是重要目标。中国力量已经成为世界经济发展最重要的一支力量，世界为中国速度而惊叹，许多发展中国家甚至将中国模式作为一种可复制的有益经验广泛借鉴。但应当指出的是，该模式并不是一种文化模式，而是经济模式。在文化模式范畴中进行创新，树立具有普遍价值的道德和理念，并在文化意义上为未来世界创新价值理念和文化经验，以此确立中华文化的主流文化地位，这一历史使命，正是要建立在高度的文化自觉和文化自信基础之上。新的历史条件下，引领先进文化前进方向是马克思主义政党执政能力建设题中应有之义。

中国梦的实现，不仅要靠经济实力，“中国方案”必须包含文化色彩和文化符号，最终通过文化样式和文化力量来表达与展示。文化自信不仅成为实现民族复兴中国梦的必然指向，更成为推动社会主义强国建设蒸蒸日上的巨大精神引擎。在中国特色社会主义的总体布局中，必须高举社会主义文化的旗帜，将文化建设充分浸润、渗透于经济建设、政治建设、社会建设、生态文明建设的“五位一体”总体布局。以充分的文化自觉为基础，建构自身文化自信，将文化自信渗透显现在中国特色社会主义的道路自信、理论自信、制度自信中。

（四）大学生文化自信的理论依据

从党的十八大开始，文化自信的理念越来越重要，屡屡成为政治议题。当代大学生是国家建设的排头兵，排头兵的面貌决定国家前行的势头，故而凸显出提高大学生文化自信工作的重要性。我国传统文化的底蕴、红色文化的传承和社会主义先进文化的革新是大学生文化自信培育的重要理论依据。下面就从这三方面展开论述，以期对大学生文化自信有更深入的了解。

1. 文化自信的历史根基

中华优秀传统文化孕育了当代的文化自信，是文化自信的历史根基，五千年的文化底蕴铸就了当代文化的坚实基础，习近平主席在一次干部学习会议上强调，中华民族文化有着悠久的历史，其中积累了中华儿女对精神文化的高层次向往，是我们中华民族所具有的特殊文化认知，促进了我们中华民族的不断成长和发展。如果要构建起文化自信，首先要做的是以我国的优秀传统文化为出发点。

文化自信是在我国的优秀的传统文化里产生出来的，是在我们民族上下五千多年的文明涵养下形成的。从其内容上来看，优秀的传统文化就是一种文化自信。我国的传统文化把儒家和道家思想作为文化中心。传统文化关注对仁德的养成，有仁德的人才能管理国家，古人认为“己欲立而立人，己欲达而达人”是达成“仁”的基本要求。这句话的含义在于实现目标之前应当将完善自身品行作为准则。有德之人重视立德、立功、立业三大目标的实现，所以“仁德”在中国的扎根和发展为中华民族留下了较多高品质的美德。

因此，我们应该借鉴优秀传统文化，进而强化我国文化的基础力量。站在传统文化生命力的角度会发现，中国虽然是一个历经千辛万苦的国家，但其文化的发展并未受到影响。从这可以看出，我国的优秀传统文化的生命力相比于其他国家而言属于较高水平的。从建设文化强国目标出发，文化力量的壮大有利于国家国力和竞争力的提高。若想要把我国建成文化强国，应当将提高文化软实力作为基础。此外，软实力的形成和壮大是建立在中国优秀传统文化基础之上的。文化自信也是建立在中国优秀传统文化的基础上。

2. 文化自信的现实基础

中国革命文化和社会主义先进文化构成了文化自信的现实基础。

（1）中国革命文化

中国特色社会主义革命文化是在我国的执政党、进步的文人和广大的群众共同努力之下产生的独特文化。革命文化立足于我国的中华优秀传统文化，并在此基础上进行了创新和发展，其中阐释的革命精神以及文化内涵丰富而深刻。

毫无疑问，中国特色社会主义革命文化是无产阶级所拥有的珍贵精神资源。包括延安精神、长征精神等，中国特色社会主义革命文化的价值核心便是由这些珍贵的精神所构建而成，坚持党的领导，为了挽救民族危机，广大的中国人民群众敢于反抗旧势力、恶势力，向着民族复兴和人民解放的目标做出努力。

在新时代如果要建立起文化自信，我们应当遵从党的领导，以认可党的号召为前提，继承弘扬我国红色革命文化孕育的精神。

（2）社会主义先进文化

新时代文化自信的建立，传统文化是根基，红色革命文化是动力，社会主义先进文化则是导向。在中共十八大报告当中明确记录着：坚持以社会主义先进文化为导向建立起高水平文化自觉以及文化自信，同时努力往建成社会主义文化强国的方向推进。

首先要文化自信才能文化强国。我国在进行社会主义文化发展中取得很多成果，其中我国的教育文化事业成果丰富，文化经济和文化产业也得到相应的发展，文化交流越来越频繁，人民群众对于不同类型的文化所持有的态度逐渐放宽。尽管中国的文化建设取得了一些成就，但是由于西方势力在中国实施“西化”“差异化”战略计划依旧存在，中国的文化安全依旧有着潜在的祸患。因此，我们应该坚持发展、创新，不断强化中华民族文化的软实力，从而抵御国外腐朽文化对国内文化的负面影响。

3. 文化自信的理论基础

（1）马克思主义经典作家关于文化的论述

第一，马克思、恩格斯关于文化的相关论述。马克思恩格斯的思想并没有直接阐述文化思想的内容，但是并不表示缺乏关于这一方面的内容。

首先，马克思、恩格斯关于文化思想的相关论述阐明了文化同政治和经济之间的辩证关系。马克思提出:“产生于人们现实生产生活活动中的，不受人们意愿操控的客观关系，也就是和人们现实物质生产力状况相匹配的生产关系，共同支撑了社会的经济结构的构建和维系，也就是说，社会上层建筑和意识形态形成与发展，必然要有一定的现实根基与之相匹配。物质生活生产方式对社会政治和精神生活产生了决定性影响。”虽然马克思没有明确阐述文化和文化自信的内涵，但是他的思想已经传达出精神生活和社会意识形态会充分体现出一个民族的文化内涵。

其次，科学定位了文化发展的历史性和时代性。不可否认的是，任何一个时代背景都将催生出一个时期的文化。

因此，我们要研究文化的前提，是要着重考量当前的社会现状和时代背景，明确我们现阶段所处于何种历史时期，有何历史使命。只有文化与时俱进，社会经济才会前进，政治才会逐步完善，社会发展才会产生良性向前的动力。

第二，列宁关于文化的相关论述主要有：文化建设思想，文化领导力建设思想和文化融合理论。在文化建设的思想方面，列宁强调在进行文化教育事业的改革过程中，以马克思主义为指导向社会主义无产阶级目标迈进，并指出只有这样，才能真正发展无产阶级文化。在文化领导力建设方面，列宁指出，应当将无产阶级作为社会主义文化教育事业发展的主要领导，无产阶级文化的发展必须是由无产阶级领导和参与才可以实现。列宁认为，进行文化领导建设是社会主义文化大革命当中最为关键的工作。在沙皇俄国时期，当时的资产阶级提出了一个“统一民族文化”的口号，列宁根据这个口号提出了一个著名主张，这个主张强调了“一中有二”的观点，即“统一的民族文化”口号，列宁提出了“两种民族文化”的著名论断，即“每一个现代民族中，都有两个民族。每一种民族文化中，都有两种民族文化。”对于这个主张要指出的是，“资产阶级社会中无差别、整体的、代表全民利益的民族文化是根本不存在的。而无产阶级却与资产阶级截然不同，共产党人始终是为了劳动人民以及国家服务的，共产党人从来都不会掩盖自己的阶级立场。”同时，列宁还提议以包容的态度对待资产阶级文化，并做出合理的学习与摒弃。马克思主义表明无产阶级文化不是由人随意编纂的，而是具有一定的文化渊源，是从资产阶级文化中提取出来的精华并根据无产阶级的特征发展形成的。我们应取其精华，去其糟粕，对其优秀有价值的文化进行吸收学习，不断转化为自己的内容，其次，它为我们继承优秀的传统文化，合理吸收和借鉴外国文化提供了指导。

（2）中国共产党代表人物关于文化自信的论述

毛泽东、邓小平、习近平关于文化不同层次的理解影响着我国不同时期文化自信的发展，研究他们的理论是我国大学生文化自信培育的基础工作。

①毛泽东关于文化的论述。毛泽东主要着手于政治、经济以及文化之间关系的探索。毛泽东曾经表示，一个时期的文化是对一个时期内社会上政治经济的表现，同时这也会反映一定时期社会的政治和文化；并且社会的基础是经济，社会的表现就是政治。而且毛泽东也强调过探明中国自身的问题，马克思主义观点是不可缺失的。毛泽东曾指出“中国文化必须要坚持无产阶级文化的指导，而且只能是由它来领导，除此之外的其他阶级文化都无法领导中国文化的建设，坚持了马克思主义在文化建设中的指导地位，保证了我国文化的性质、方向和自身的健康发展。”新中国成立初期，毛主席就已经表示：“随着经济建设的高潮的到来，不可避免地将要出现一个文化建设的高潮。”这个观点直接表达出文化建设对于国家建设的重要性，同时也预见了文化建设不会滞后于经济腾飞很长时间。

在社会主义文化建设时期的观点：针对我国经济以及文化方面发展的问题，毛泽东提出的“百花齐放，百家争鸣”的文化方针也被提上日程，并且已在强调这个方针对我国文化发展的重要性。在改正本国自身问题的同时，毛泽东也主张吸收外国优秀文化，指明对于学习外国文化，不能排斥全部也不能照单全收。

②邓小平的关于文化的论述。邓小平思想文化是吸收了毛泽东文化思想中要学习西方优秀文化的观点，并且指明了中国在产业革命落后于西方国家的原因，就在于当时的中国没有对外开放。现在我们应该辩证地看待西方文化。在邓小平文化思想中，把社会主义精神文明的建设作为首要目标，并且提出了培养“四有”新人的目标。而在青少年培养方面，邓小平表示，忠于国家、无产阶级革命事业和马克思列宁主义毛泽东思想的青年才是我们国家所需要的，这不仅仅是对青年人的要求，也是为培养社会主义接班人提出了目标。

与此同时，邓小平还认为，教育的发展也不容忽视，所以提出了三个面向的方针，为我国的教育事业点燃了指路明灯。提出科技作为第一生产力。基于毛泽东提出的“双百”方针，邓小平又提出了“二为”方针，也就是坚持为人民服务，为社会主义服务，而且要把这两者相统一，这样才能促进社会主义事业的进步。邓小平的文化观在发展中国特色文化上起到了至关重要的作用，指导我国文化道路的发展。

③习近平关于文化自信的论述。党的十八大以来，“文化自信”的字眼越

来越多地出现在我们视野，习近平总书记思想中的文化自信是希望中国在未来的发展中能够更基础，更普遍和更深入，文化自信这一指导思想的坚决推行，有助于国家维持长治久安的状态，在保持国家文化文明的安定和中华民族优秀美德传播等工作中都体现出良性积极的作用。

首先，中华民族深厚的文化底蕴是文化自信的重要依据。习近平总书记之所以重视历史悠久的文化，是因为历史悠久的文化对于国家和人民都是巨大的财富。作为中华民族经过漫长岁月而积累下来的优秀文明，这些文化不仅是中华民族的思想需求和精神标识，而且更是我国在走中国特色社会主义之路上起到持续性发展的关键作用的助力。

其次，文化自信不仅仅是作为重要思想，更是应该成为每个公民，尤其是青少年学生心中的使命。习近平总书记在报告中对中国人民如何看待文化自信进行了总结，他表示作为一个中国人应该对发展文化自信有信心，坚定不移，每一个中国公民在国家推行文化自信的过程中扮演着很重要的实践角色。大学生是社会主义事业建设和接班的重要对象。所以更应该提升大学生对中华文化的信心，贡献自己的力量，投入到文化自信的建设当中。

最后，习近平总书记对新时代大学生文化自信的提升提出了建设性意见。他提醒我们，中华民族深厚的文化底蕴是民族文化自信推进的动力，每一个社会参与者尤其是青少年和学生，都应该把加强文化自信作为自身成长的重要任务，才能更好地提升国家文化软实力，推动国家社会发展。

（五）大学生文化自信面临的挑战

1. 西方文化渗透，学生缺乏危机意识

互联网行业的迅猛发展，新媒体技术的介入以及微文化的出现，均对当代大学生个体思想意识带来严重冲击，然而在此环境下大学生们普遍存在危机意识淡薄的问题。互联网作为现阶段大学生学习知识与了解社会各类信息的主要渠道，因其具备虚拟性与复杂性特征，使得平台传播内容的准确性及真实性需经过甄别判断。在相对繁杂的互联网大环境当中，传统文化与红色文化所占比例较小，大学生对这类信息关注度也普遍偏低，欠缺一定的兴趣和了解的热情。

加之西方消极文化与借助网络传输的不良信息侵蚀了当代青年学生的思想，动摇其理想信念，对青年学生群体传承本土优秀文化造成阻碍。大学生们在追捧西方文化内容的同时，亦对本土文化生成自卑心理，进而致使其对我国优秀文化存在不自信心理。在大学外语教育中，复杂化的互联网环境以及学生崇尚西方文化的思想，导致教师即便讲解红色文化相关知识，学生也对其提不

起兴趣，这不仅对外语教学带来挑战，对学生们文化自信的形成也带来严峻挑战。

2. 文化课程不足，缺乏校园宣传活动

现如今，部分大学生表示大学阶段文化类课程设置较少，学校文化教育力度不足，文化教育内容较为单调乏味，甚至政治性色彩过于浓厚。部分高校在自身育人目标设置中，并未将传统文化与红色文化纳入必修教育大纲当中，加之现阶段部分企业与事业单位以实用主义为基准设定用人指标，这也在某种程度上导致大学生们对于红色文化学习缺乏重视，对于红色文化的理解和认知程度浮于表面。

除此之外，大学生参加的课余活动具有多样性特点，但是多数大学并未抓住这一机遇，对我国红色文化展开高效宣传。对于这一系列教育问题，在大学外语教育当中应采取何种措施才可帮助大学生群体在英语文化知识了解、学习的同时，强化对于本土红色文化的自信，是当今各所院校、教育工作者应共同探索的课题。英语作为语言载体，把英语教育和红色文化有机结合，是强化学生的文化自信，传播我国优秀红色文化的有效手段。

3. 中西文化隔膜，受母语负迁移的影响

中西方国家所处地理位置存在差异性，历史文化背景不同，宗教信仰与思维模式亦有所差异，对相同事物势必会形成不同看法，具有不同的理解。在大学外语教育中，每名学生在潜意识中均会带有本土文化基因与思维模式，因这一差异影响，在跨文化交际中，必然会有一定的碰撞与冲突发生。中西文化存在的隔膜已然导致我国大学生在英语学习中受到潜移默化的影响，但每名学生天生的文化思维模式难以改变。

例如，西方民众惯于应用具象化思维模式，从事物认知开始，均是将主体作为中心，重点凸显主观作用。反之，中国人惯于应用宏观把握的思维模式，由微见显，将实际感受作为着眼点，重视主客体间的有机结合。不同语言体系的红色文化词汇存在明显不同，学生外语学习有别于孩童阶段的母语学习，身为大学生，其已具有较强的母语能力，且以母语为基准的红色文化知识已根植于内心，在外语学习时，较易把母语红色文化迁移至英语当中，若母语及目的语文化词汇含义相同，学生可很好理解，并且实际运用时也较少出现偏差，这便是正迁移现象。但是若母语与目的语文化词汇含义差异较大，学生则较难理解，若想摆脱固有思维模式，构建陌生、全新的思维模式，对学生而言具有较大的难度，在此状况下进行外语学习，母语便会对其带来负迁移影响。

三、文化教学与文化自信

文化教学这一概念我们并不陌生，20世纪80年代，许国璋先生在《词汇的文化内涵与英语教学》一文中初次提出，随后在教育界掀起了文化教学的热潮，尤其是在当时的外语教育中。然而由于各种主客观原因，这一改革在外语教学中并未收到良好的效果。在全球文化交流日益频繁的今天，大学生要弘扬中华优秀传统文化，坚守文化自信，文化教学再次引起了社会的广泛关注和重视。习近平总书记曾多次在重要场合谈到中国文化和文化自信这一理念的重要性。优秀的传统文化是立国之本，是文化自信的基石。

学者张继梅指出："文化自信绝非无本之源。优秀传统文化的继承与学习是文化自信强有力的保障，只有在对传统文化自信的基础上，才能正确定位和判断传统文化，才能尊重与学习它，才能更有利于传播本民族文化，坚定文化自信。"如何使外语专业的学生在汲取世界文化精华的同时加深对中华优秀传统文化的认识和理解，坚定文化自信，是目前英语专业教学面临的重要课题。培养外语专业的学生不仅通过掌握外国语言学习世界文化精华，更重要的是成为中国传统文化的传承者和传播者，向世界讲好中国故事。

因此，外语教育既担负着语言教学任务又肩负着文化传承的重担，任重而道远。那么，如何通过英语专业课程将中华民族优秀的传统文化知识自然地融入西方文化讲授中，从而树立学生和教师的文化自信成为亟待解决的问题。

第二节　现代外语教学与文化教学

一、外语教学中的文化认知及文化导入

（一）文化认知能力和语言能力的同步培养

认知语言学家认为语言是人类心智的产物，其本身是心理、文化、社会、生态等因素相互作用的反映。认知语言学家通过对人们语言运用和学习过程的分析，认为人的认知基础涉及对语言符号的内部处理，语言能力是认知能力的一部分。因此，语言认知与文化认知是同步进行的。

同时，认知理论认为影响外语学习的要素有三个：①学习者现有的认知结构；②学习者对新知识的接受程度以及其与现有认知结构的关系；③学习者是否有意识地把语言学习与文化认知结构联系起来。

因此，根据这一理论，首先，外语教师应具备一定文化修养，既要分析语言现象又要分析文化语境和学生的认知结构；其次，教师要为具有不同文化认知能力和语言能力的学生制定与其能力相符的学习目标，调整学生认知结构，引导学生有意识地形成和完善对外国文化的认知能力。

（二）明确文化导入的教学目标

人们在使用外语进行交际的过程中，常会因语用迁移而造成意想不到的语用失误，这些失误涉及语言使用的方方面面，包括言语行为的实施、篇章组织结构、交际风格、交际规则、礼貌策略等。

因此，在实际教学中，教师应以文化规律组织教学，并遵循五项教学原则：①借助所教的语言知识导入文化；②把认知文化的行为作为每一课的组成部分；③使学生获得他们所需的社会文化能力；④使各种程度的学生都获得跨文化认知能力，既了解目的语文化，也了解自己的本土文化；⑤使学生认识到认知文化并不是要改变母语文化行为，而是包容影响自己和他人行为的文化因素。

（三）灵活实施文化导入策略

教师如果从文化观出发组织课堂教学，就应悉心了解学生的个体差异、情感特征及文化需求等因素。对课堂文化知识理解的多寡和深浅及对微妙文化信息的领悟程度也往往因人而异。

因而，教师在文化导入策略的选择上要灵活多样，以学生自身的语言能力、个人经历、文化背景、科学素养为前提。教师既可针对课文中零星的文化知识进行对比分析、阐述解释，点明文化规约，潜移默化地让学生增进对异域文化的了解和知识积累，也可以以交际行为为重点组织课堂专题教学，充分利用课内外各种渠道，实现文化信息的输入，促进学生对文化知识的习得。

1. 文化内容综合导入策略

语言处于复杂多变的行为体系之中，在多元化语境下，学生仅关注不同语言间的文化差异是不够的。因此，在实际教学中，教师要注意对学生全景式认知能力进行培养，实施文化综合导入策略，把教材内容（句子和语篇）、日常交际方式（包括言语与非语言交际行为）与文化要素、文化共性、文化差异综合导入，使学生在语言习得的同时，对目标语文化从整体上进行理性把握。同时，教师应从简单的事实和基本概念着手，引导学生对目标语文化的思考实现由表及里、由感性到理性的进一步深入。

2. 文化信息的渗透

文化作为一种知识，集外显与内潜、明晰与模糊、主流与支脉为一体。在当前缺乏具体文化环境的教学背景下，对于散落于课文中的零星文化知识，教师应随文分析，点明其文化内涵，让学生循序渐进地积累异域文化知识。

例如，许多学生在学习课文时，对“His name is mud”这句话感到不知所云。其实，这句话中的mud具有特殊含义，该词源于历史上著名的林肯刺杀案：一个叫Mudd的医生在不知情的情况下，因为刺杀林肯的凶手治好了脚伤而受到人们的唾弃，mud与mudd同音，因此，后来人们在说“某人名誉扫地”时，就会用“His name is mud”来表达。教师通过随堂介绍该用法的来龙去脉，既让学生掌握了具体用法，又让其了解了相关历史文化典故，从而大大激发学生的兴趣。这充分体现了文化信息渗透策略的必要性。

3. 文化知识的行为互动

克拉姆施（Kramsch）对语言文化教学持双元共生的观点并提倡在教学中鼓励文化互动而不是避免冲突，因为冲突本身就是互动过程。本着这一原则，英语学习者不仅要以“英语母语者”为榜样，以“随俗”为准则，同时应具备认知变化多端的多元世界的能力。

因此，教师在组织教学时应尽可能地进行group discussion，seminar debase，role-playing，story-telling等课堂活动，在形式上以学生为主体，在内容上以充足多样的文化信息为先导。在实际操作中，教师应通过创设语境明确具体活动目的、内容、角色、主题，进行师生互动，鼓励学生大胆表达，引导学生学会价值观评判。

4. 开展以文化为主体的课外教学

教师在通过文化输入来帮助学生习得目标语言时，除了充分利用课堂渠道，丰富的课外教学也是行之有效的策略之一。文化沙龙、英语辩论、英语晚会、文化讲座、文化参观等形式多样的课外实践活动，融知识与应用为一体，能给学生提供足够的、可理解的信息和亲身体验的机会，让学生从中习得异域文化知识，尤其是潜在的文化知识。

二、现代外语教学中文化渗透的意义

（一）有助于实现外语教学的根本目标

目前，我国的大学英语教学只重视英语国家文化知识的传授，而不重视中国文化知识的对外传播，大多数高校学生即使通过英语四、六级考试，也无法表达出中国古典文学名著的英文译名。英语是世界通用语言，使用英语向外国介绍中国的文化与国情，能够有效地扩大我国在全球的影响力。大学英语教学的根本目标之一就是将受大学教育以上的人作为我国对外交流的主体，作为我国文化输出的主体，消除西方对我国文化的误解。

（二）有助于提高学生的英语综合应用能力和跨文化交际能力

大学英语教学着重提高学生的英语综合应用能力和跨文化交际能力。跨文化交际是指学生在掌握英汉知识的基础上，具有跨文化意识，对待文化差异有所宽容，能与具有不同文化背景的人进行沟通。若想实现大学英语教学的目标，大学英语教师必须帮助学生更好地了解中西文化的差异，将中国文化融入大学英语教学中，促进中西文化融会贯通，既增强教学的实用性，提高学生的学习兴趣，又提高学生的英语综合应用能力和跨文化交际能力。

（三）增强学生的民族自豪感，提高国家的文化实力和世界影响力

长期以来，英美文化在我国的输入，使我国的学生过分追求外来文化。大学英语教师应在英语课堂中引导学生树立正确的东西方文化观，激发学生的民族自豪感，保持本国的文化身份，提高文化鉴别力，辩证地看待中西文化差异，避免对西方文化盲目崇拜。在全球化的今天，我国应抓准机遇，向世界展示我国的优秀民族文化，并将英语作为传播媒介，加快民族文化的对外传播速度，提升国家的文化实力和世界影响力，避免我国的文化被误解、同化，这正是大学英语教学应承担的重要使命。

三、现代外语教学中文化教学存在的问题

（一）教师层面的问题

虽然当前普遍教师已经明白了跨文化教学的意义所在，但实践工作并未有效落实。现实和理念之间，仍然差距明显。早期在教学的时候，课堂都是以知识内容作为基础，包括词汇分析、语法讲解以及句型练习等，而对其中的文化因素有所忽视，具体包括三个方面。

其一，部分教师自身缺少相应的知识。许多教师毕业于师范院校，因此在设置课程体系的时候，并未将文化和语言联系在一起，也没有单独设置跨文化交际课程。只有少部分学校开设了一些选修课程，让学生们自主参与。而在进

行信息化时代之后，学生们可以通过信息浏览的方式展开学习，具备了更强的基础，导致教师在跨文化交际的知识上变得极为匮乏。

其二，教师的渗透能力有待提高。在教学实践过程中，为了有效开展跨文化教学工作，教师自己的能力水平在其中起着决定性作用。然而当前多数教师并不具备这一能力，也没有足够的机会进行实践，在授课的时候，更多只能依靠自己的想法临时设置，导致教学质量不佳，影响了人才的培养效果。

其三，教师并未合理落实文化教学。从目前来看，当前一些大学英语教师虽然开设了一些实践类活动，但对于跨文化的知识讲解方面一直处在表层状态，极为肤浅，而授课的方式也非常单一化，导致学生很难在真正意义上和文化核心展开接触。课堂之中，仅仅对一些外来文化进行输入，诸如谈一谈西方国家的一些节日和相关习俗。显然，这种教学模式很难令人满意，进而影响了学生能力的提升。

（二）学生层面的问题

在进行大学英语教学的时候，学生一直都是其中的主体人物。学生自身的基本态度、积极性以及直接反馈，都和教学工作的效果有联系，具体包括三个方面。

其一，当前普遍大学生都缺少应用的跨文化意识。在中学阶段，自身注意力几乎都放在了基础知识和语法方面，几乎从没有考虑过文化方面的内容，因此对其他国家的文化没有任何了解。另外，大学生学习英语，主要目的便是通过四、六级考试，为自己未来的工作发展提供帮助，所以就会将重心放在考试题方面，降低了对自身学习的基本要求。

其二，普遍学生在英语学习的过程中，几乎没有考虑文化背景方面的内容，实际了解极为有限。尽管部分教师会将跨文化的知识渗透进来，但采用的教学模式却没有任何改变，极为单一化，影响了教学效果。一方面，教室中的氛围不佳，学生们长期处于这样的环境中，很容易变得困乏，失去了学习的积极性和进取心。另一方面，在课堂教学结束之后，学生们也不会主动去自我补充。大学英语教学的时间相对有限，学生们的课余时间几乎都放在了自己的专业课方面，自然不会花精力去学习跨文化知识。

其三，跨文化知识的接收能力不强。我国普遍大学生缺少应有的跨文化知识基础，也不愿意主动了解其他国家的文化内容。之所以会有这种情况，主要原因便是当前教学模式都以应试教育为主，考试并不会考查学生们的跨文化知识水平。因此，学生们的重心自然就放在了考试的内容方面，考什么自己就学什么。在被动的状态下，跨文化交际能力的培养自然无法达到预期。

四、外语教学中文化教学应注意的问题

经过近二十年的不断探索，外语学界对外语教学中中国文化教学的重要性有了较为深入的理解，对外语教学中中国文化教学的现状也有了清醒的认识，对如何加强外语教学中的中国文化教学也做了一定的探索。但从以上多位学者对中国文化英语表达力的调查结果来看，目前外语学习者和外语教师的中国文化外语表达能力仍不令人满意。

在当前全球化背景下，在中国“一带一路”倡议下，要培养出更多的有意愿且有能力传播弘扬中国文化的外语人才，从根本上抵制外语文化对外语学习者以及广大中国青少年产生的负面影响，外语教学中的中国文化教学还需要进行更为深入的探索。

（一）要着重培养外语学习者正确的中国文化态度

从目前情况来看，外语教学中中国文化的重要性显然得到了重视，不少院校开设了中国文化课程，在课堂上一些教师也注重对学习者进行中国文化的英语表达力培养，一系列英文版的介绍中国文化的教材和读物陆续出版，但关键在于这所有的努力都需要通过学习者发挥作用，如果学习者没有一个正确对待中国文化的态度，其他的一切努力都是徒劳。这种正确对待中国文化的态度是指：热爱本民族文化，具有爱国主义情操，不盲目媚外，具有弘扬中国文化的意愿，与外籍人士交流时能积极主动地向他们介绍中国文化，在不影响交际时可以适当按照中国文化规约行事。如果学习者没有传播中国文化的意愿，盲目崇洋媚外，即使掌握了足够的中国文化知识，并有很强的中国文化外语表达力，他们也不会积极向外籍人士传播中国文化。在这种情况下，我们开设中国文化课程，出版外语版的中国文化教材和读物都不能取得理想效果。我们现在开设各种中国文化课程、编写各种外语版中国文化教材与读物、在课堂上练习中国文化的外语表达主要是基于这样一种假设：学习者中国文化素养高了、中国文化的外语表达能力强了就会主动向外籍人士传播中国文化。事实是否必然如此？我感觉我们还需要做进一步的调查，目前还缺少令人信服的材料来支撑这种假设。基于这种情况，注重课程思政，在外语教学中立足一定的语境加强爱国主义教育是我们应当特别注意的。积极引导外语学习者树立正确的中国文化态度是外语教学中必须重视的问题。

（二）进一步合理安排各类教材和各级外语考试中中国文化的含量

随着对中国文化在外语教学中重要性认识的不断深入，有愈来愈多的外语版的中国文化教材和读物推出，这对学习者的中国文化外语表达力的提高有着重要的作用，但这样的教材和读物的实际利用率并不高。

原因有以下几个方面：首先不是所有的高等院校都开设了用英语授课中国文化课程，且都使用这些教材。根据邓文英、敖凡对四川省内 10 所高校英语专业的授课教师进行的调查、肖龙福等人对山东省内 2 所高校外语院 / 系的调查、兰军对陕西三所高校的调查以及 2019 年对山东财经大学、青岛科技大学、聊城大学、青岛农业大学、新乡学院、菏泽学院等院校的调查发现多数院系开设了用汉语授课的中国文化课程，但用英语开设中国文化课程的院系却寥寥无几。既然有相当多的高校没有开设使用英语版教材的中国文化课程，那么外语版的教材在课堂上对学生发挥的作用就会大打折扣。其次，这些外语版的教材和读物学习者在课下看的可能性也很小。

经调查显示，学生大都表示课下不会主动去看这类书籍。基于这种情况，如果我们换一种方法：尽量在外语教学的听、说、读、写各类教材中都系统地融入用英语介绍的中国文化知识，学习者在学习外语时就必然接触这些内容。现在有些教材编写已经在这方面做出了尝试，比如郑树棠主编的《新视野大学英语读写教程》（第三版）每个单元 A 篇课文后的翻译练习题大多都涉及中外文化，其中一个题型就是把汉语文化译成英语。这种尝试就使大学英语的学习者普遍地接收到中国文化的英语表达和英语文化的汉语理解的训练。这里要强调的是如果能在翻译练习之后再加上一个英语版的中国文化的阅读材料，学生在学习课本的同时就能阅读，这对提高学习者的中国文化英语表达力将大有裨益。

因此，在听、说、读、写各类课程的教材中都系统地融入用外语表述的中国文化，并且这几种教材的编写要有规划，同一内容尽量不要在不同教材之间重复。这样的教材设计对提高学习者的中国文化外语表达力会有更好的效果。

另外，考试是对学习效果的检测，同时对学习也有着很强的导向作用。如果各级外语考试中都能适当涉及中国文化内容，学习者学习中国文化的热情将会大大提高。这几年大学英语四、六级考试做出了非常成功的尝试，其汉译英题大多都是关于某种中国文化的段落翻译，这对学生是一种很好的导向，引导他们平时多关注中国文化的英语表达。同时其他的正规的大型英语考试、学校内部组织的英语考试，如校内的大学英语和英语专业的期末考试都适当涉及一些中国文化内容，这样会在意识上引起学生的重视，平时就会有意识地积累中国文化知识，提升其英语表达力。

（三）提高外语教师的中国文化外语表达力

教师是中国文化外语表达的践行者和学生学习中国文化外语表达的引领者，只有教师有足够强的中国文化外语表达力，才能自觉引领学生在课堂内外进行中国文化外语表达力的训练。然而多位研究者袁小陆、肖龙福、邓文英、敖凡通过调查发现教师的中国文化外语表达力并不十分令人满意。

因此，要提高学生的中国文化外语表达力，当务之急是提高外语教师的中国文化外语表达力。我们应当在外语教育政策和文件中做出相关的规定，要求外语教师具有一定的中国文化外语表达力。

另外，各级教育主管部门还可以通过举办各种培训班的方式帮助外语教师提高自己的中国文化外语表达力，或者强制要求外语教师阅读一定数量的用外语编纂的中国文化书籍。教育部门在政策方向上的引导能够引起教师的足够重视，教师就可能积极主动地提高自己的中国文化外语表达力，并有意识地运用到课堂，使学生受益。

（四）引导学习者强化中国文化身份认同

英国著名的社会学家和文化研究批评家斯图亚特·霍尔在《文化身份与族裔散居》一文中认为文化身份既是稳定的，同时受外部影响也可以发生变化。由于文化身份的稳定是相对的，随着生活环境、文化背景、国家或集团的权力强弱发生变化，群体或个人的文化身份也会发生变化。我国的青少年作为一个从小学三年级甚至幼儿园就开始学习英语并接触英语文化的群体，思维具有不稳定性和可塑性，如果不在思想上对他们加以适当引导，他们可能受以英语为主的西方文化的影响而削弱甚至丧失自己的中国传统文化身份。所以教育工作者、媒体甚至全社会要联起手来对青少年进行教育，让他们明白随着全球经济文化的频繁往来和国际交往的日益深入，我们固然需要了解各个国家的文化，尤其是以美国为首的英语文化，但我们没必要盲从或者屈从他们，而且还要适时地向外传播中国文化，随着中国国际地位的日益提升，这种意识更应加强。我们的外语学习者要时刻准备着弘扬传播中国文化，在了解目的语文化的同时也让对方了解我们的文化，推动双方文化的平等交流。对于国外的节日、食品和风俗习惯等我们只需要做到了解，以达到成功交际的目的，不用对他们大事渲染，对西方文化不能采取一种仰视的态度。要教育学生在了解西方文化的同时必须坚持自己的民族文化传统，葆有自己的民族文化特色。“世界文化是需要多元的，越有自己的民族特色才越能得到世界的尊重。我们应该教育外语学习者，只要我们的文化传统符合时代的发展，我们就应该坚持，不能盲目学习西方，丢掉自己的文化传统。”

总之，随着对外语文化教学认识的不断深入，外语学界对中国文化在外语教学中的重要地位有了深刻的认识，并从教学内容、方法、手段等方面提出了诸多提高中国文化外语表达力的建议，这对扭转当前外语教学中中国文化失语的局面起到了十分重要的作用，但要彻底改变部分外语学习者乃至相当多的青少年仰视西方文化、漠视中国优秀传统文化的局面，我们的外语教学还需要从方法到内容再到价值观念等方面对学习者加以引导，提高他们的中国文化意识，增强他们的中国文化身份认同。在当下这样一个国际交流日益频繁、媒介传播无所不在的时代，这种引导显得尤为重要。

五、外语教学中文化双向互动的有效路径

（一）更新外语教学理念

1. 重视语言的多元性特征

一种语言是一个民族在漫长的发展过程中形成并完善的。它不仅是一种工具，更侧面折射出其社会特征、文化内涵、思想主质、交际特性及学科知识。外语的语言特质，决定其无法脱离特定的环境被理解。

因此，教师必须要引导学生从封闭、失语的环境中走出来，要建立语言文字与文化环境之间的映射关系，要从字里行间之中，感受到隐藏在其中的文化。语言的文化性特征，决定了教师必须要在教学中要求学生来理解语言文化，将“意念表达”融入语言思维之中，冲破语言文化障碍，实现两种文化有良性交融。

2. 重视词汇活用能力的发展

在外语课程中，词汇的数量是外语学习等级的重要指标之一。尤其是在外语学习的初期，教师会要求学生记忆大量的词汇。但是，从研究中表明，当学生的外语词汇量达到3000个以后，词汇量的继续增加对文章理解的作用会显著降低。反而，词汇的灵活运用能力成为阅读理解力增长的助力。学生掌握常见的、基本词汇后，能够灵活地运用这些词汇，通透完全，可以对其中所暗含的文化产生更深层次的认知。学生在运用语言的时候，也会显得融会贯通，游刃有余，语言的发展空间扩大，并且还会产生较强的语言创新能力。伴随着学

生语言能力的强化，他们会将能力迁移到人生的其他方面，促使其身心等都产生巨大的发展，从而实现全面发展。

（二）重塑外语教学生态平衡

1. 纠正外语教学中的过度与不足

教师要果敢地纠正外语教学中词汇的浅表式学习占用时间、精力过多，既仅是记忆词汇的拼写、释义、用法，而忽视如何灵活的运用词汇，触类旁通，举一反三。纠正外语教学中语法知识讲授过多，脱离开真实的语言环境，运用大量的时间与精力学习过去、现在与将来的各种时态结构，主动句、被动句各类句型，将学生带入到僵硬记忆的怪圈之中。教师要坚决地纠正外语教学中的不足。外语教学中的不足是指教师已然充分意识到文化的双向互动对语言教学所具有的积极作用，却不花时间与精力潜心来研究，如何才能促进文化互动目标，改善文化互动效果，而是听之任之，随波逐流，使语言教学的文化底蕴不足成为一种常态、顽疾。

2. 树立回归本真的教学目标

外语教学的本真目标应该不要简单地将外语当作一种交流沟通的工作，而是将其看作是立体的、系统的富有人文关怀与人文精神的学科。立体、系统的学科学习，不应该停留于肤浅的表面，或者以教师为中心，或者以学生为中心，单边地开展教学活动。而是强调思想的交流、文化的互动，教师“以生为本”为开展教学活动，学生以学科素养的培养与发展为目标。教师与学生之间在学习的过程中，受到文化的感染与号召，产生丰富的、真挚的情感，从而对语言的学习产生共鸣。教师与学生共同探索学习的规律、方法与路径，师生的兴趣被充分地激发出来，对文化的感知变得主动而自然。

（三）建构文化互动型师生关系

1. 树立主体间性的教育观

主体间性是指教师与学生是“主 - 主”关系，“主 - 主”关系决定二者在课堂上的地位是平等的，其平等不仅体现于言行举止，更多的是体现于知识、思想与情感上，更会鼓励学生与教师进行积极的交互，促使教师更能从与学生的交互中寻找到解决问题的突破口。“主 - 主”关系还可以使智慧实现双向流动，教师与学生都会在二元思想的指导下，深入地领悟知识，理解内涵，促进二元视界的不断融合，使二者都能够看到自身的不足与发展空间。教师能够不被身份所约束，与学生进行平等尊重的对话，学生也不会被学习动机之外的因素所束缚，与教师之间的对话也会更自然、自由。在主体间性教育观的引导下，教师与学生都会面对真实的内心，在外语的学习过程中，也会更加体会文化的真谛。

2. 建构可以对话的师生关系

外语教学中，教师与学生之间的地位是相对的。相对的地位并不代表着对立的关系与视角。但是，在教育实践之中，很多教师没有正确的理解相对的地位的本质，从而隔断了文化双向交流的渠道。

事实上，教师与学生之间虽然分属不同阵营，但是并不妨碍二者进行双向、交互的对话。在对话过程中，师生都可敞开心扉，接纳彼此，激荡思想。教师不再是高高在上的给予者，而是谦谦为人，成为启迪学生智慧的引领者、支持者。教师与学生之间的对话，更易让学生将更多时间运用于讨论、激励、鼓舞等创造性活动中去，从而为文化双向互动带来曙光。

（四）探寻文本文化价值

1. 外语教学过程中要体现文本的主体地位

文本作为教学的重要参考与依据，其编写、组稿以及知识点的设计融入等，都是经过精心策划的。编者在编著文本的过程中，不仅会侧重于知识的传授、技能的培养，还会侧重于外语文化的融入。

但是，每篇文本中外语文化的挖掘需要教师花一定的时间与精力以比较有效的方式呈现给学生，教师要真切的引导学生交流、沟通，将对话基于文本来呈现。教师还要学会能够启发学生倾听到文本“究竟想说什么”。教师要让学生掌握剖析文本的能力，在兴趣的引导下，在平等对话的激发下，都充分地参与到学习过程中来，以开放的视角来探寻文本中的新鲜，以批判的视角来审核文本。教师与学生都要发挥文本在教学中的主体地位。

2. 外语教学过程中要开发文本的价值

文本不仅是文字的组合与罗列，但是文化的表达与传播。教师与学生应该基于文化双向互动的视角来潜心研究文本。有的教师要求学生了熟读课文，但是，不对学生的文本诵读情况进行检验，就开始了文本的解释翻译等教学。学生在对文章不熟悉、不了解的前提下，即使是对于母语文章而言，都难以理解其内涵，对于外语而言，更是囫囵吞枣。学生对文本的学习依据停留于单词、语法、句型，文化完完全全被抛到脑后。那么，要开发文本的价值，就必须要让学生反复阅读文本，达到“书读百遍，其义自现”的效果，才能帮助学生探究到文化的本真，才能让学生在母语文化影响下，感受到外语文化的独特。

（五）重构外语教学模式

文化双向互动既是外语教学的方法，亦是外语教学的目标。文化双向互动可以促使学生提升学习外语的效率，能够让学生灵活、准确的运用外语与人进行畅通的交流。教师则也要通过外语教学，让学生感知外国文化的独特魅力，感受到外国文化的璀璨。为了将文化双向互动有效地融入教学之中，就要构建富有文化双向互动特征的教学模式。基于文化双向互动特征的教学模式框架设计。教学目标应该从单一的语言技能学习转为立体的、系统的语言学科学习，将应试教学目标转变为终身教育目标，为学生终身学习打下坚实的基础。教学主体应该成为兼顾师生的“主体间”关系，要努力变革落后的、传统的师生关系，打造能够进行平等对话与和谐统一的师生关系，从而为文化互动消除人为障碍因素。教学观念应该从让学生简单地完成知识认知转变为复杂的知识运用实践。教师要引导学生重视语言的运用，要提高对语言差异的敏感度，从而在学习的过程中，使外语文化与母语文化产生交流。教学情境方面则要努力构建富有互动氛围情景教学。调动学生的学习兴趣，让学生在情景化、互动化的环境中，体会不同文化创造出来的不同情境，给他们的身心带来的不同感受。教学方法上则要倡导多元综合实践。教师除了让学生具备语言运用能力外，更应该引导学生以外语知识学习、技能掌握为载体，促进自身思维力、想象力的发展，提升自己分析问题、解决问题的能力。教学内容方面则要侧重于基础性与实用性，不要刻意地追求学习的深度，而是要充分掌握语言的实际特点。让学生通过掌握最基础性的知识与技能，满足自己语言的实用需求才是最高效的外语教学。教学过程则要体现动态生成性。教师要精心设计教学流程与环节，却不能固化流程与环节中的每个要点，要充分地调动学生的积极性，使其成为教学过程充满挑战，教师应该给学生以更大的自由，给予学生更大的空间与余地，可以借助于检测、评估等手段，及时了解学生在各个环节里的学习效果。

第三节　外语教学与跨文化交际能力

一、跨文化交际的障碍

（一）固有印象影响跨文化交流

我们会对某一个国家或者某一个民族形成固有印象，尽管这种印象可能是带有偏见的，甚至是错误的。例如，我们会认为美国人勤劳、聪明、有抱负、喜欢享乐、追求物质享受；日本人勤劳、精明、虚伪、勇于进取、遵守纪律；犹太人狡猾、精明、贪婪；东南亚人乐观、热情、善良、淳朴、懒惰、不思进取……尽管人们普遍认为这种固有印象对跨文化交流会产生非常不利的影响，但在实际交往中却无法避免保持这种固有印象。班上的老挝学生刚刚来到中国时，对上课时间没有很好的概念，经常有学生迟到的现象。尽管每次迟到，学生总是鞠躬行合十礼，向老师表示歉意，态度非常谦恭，但过后依然迟到。在老挝学生中有一位与其他同学不同，总是早早来到教室，学习非常用功。然而有那么几天，这位用功的同学也迟到了，理所当然地认为他和其他老挝学生一样，开始几天，他努力保持用功的状态，但是坚持不了多久。没想到，过了几天，他又恢复了早到的习惯。后来才了解到，那几天学校供水出了问题，只有等到中国学生都去上课了，宿舍楼总体用水量减少时，他才能在宿舍抓紧机会洗澡，而老挝学生是无法忍受一天不洗澡的。

（二）民族主义影响跨文化交流

民族主义，就是以本民族为中心，按照本民族文化的观念和标准去理解和衡量其他文化，虽然当今世界，很少有国家或民族公开宣称自己的文化优于其他文化。但在观察另一种文化时，人们往往习惯以自己的是非标准来判断别人的行为。尽管人们努力克服民族主义，但每个人都是在特定的文化环境中成长起来的，要完全摆脱我们在社会化过程中形成的各种观念和看法是不可能的。

二、跨文化交际能力培养的现状

（一）意识层面

混合式教学将“物理”教室无限延展，为学习提供了无限可能。受传统教学的影响，师生对跨文化交际能力培养意识淡薄，教学中常常忽略文化“植入”，即使有，也难以形成系统。混合式教学中给师生带来更大的挑战：大量外语网站、视频和语篇的涌入，使得原本文化基础薄弱的情况变得更为糟糕。面对文化冲击，如何在意识上重视跨文化能力的培养，是新教学模式下要考虑的问题。

（二）教学层面

1. 教材内容陈旧

教材是教师组织教学和学生开展学习的依据和向导，是课堂活动开展的资源保障。目前高校所用教材内容单一，多关注外语应用能力的输出，较少涉及跨文化培养内容；教材编排脱节，缺乏系统性和整体性，教材活动组织固定，缺少时代性和创新性。在已出版的跨文化教材中，主要以说明文和科技类选材为主，未大面积收入关于精神层面的文章，对影响跨文化交际效果的思维方式、人文观和价值观等谈及甚少，因此必将导致学生在跨文化学习过程中习惯使用母语的思维方式，不利于跨文化能力的培养和交际的顺畅。

2. 课堂组织单调

课堂是教学活动的核心模板，课堂设计成败关系着教学效果的优劣。教师以教材作为载体进行课堂组织，以书本中的文化内容讲解为指引，并未进行多元、多维度设计，也未营造良好的跨文化学习情境，学生被动接受知识，缺少自主探究和主动学习，难以形成思辨能力和批判性思维，跨文化知识无法内化。

3. 文化输入单一

文化输入内容和手段单一，会导致输入与输出不符，严重影响知识的内化和转化。鉴于此，在跨文化知识输入过程中，以文字为主的语料学习并不是唯一途径，应适当加入生动直观的视频、微课等学习资料；以教师讲解为主的输入并不是最佳有效方式，应鼓励学生主动参与、积极讨论、争辩反驳，形成研学的良性循环，于摸索和探究中见真知，于讨论和争辩中见真谛。

（三）文化层面

语言、文化和交际三者之间关系紧密。跨文化交际能力的培养实质上是语言和文化输入后转化的成果。在社会主义新时代，脱离思政元素的文化教育是没有灵魂的教育，是与教育发展趋势背道而驰的。跨文化交际能力培养和课程思政建设在文化层面应属于辩证统一关系，注重解剖西方文化而忽略弘扬中国传统文化的跨文化能力培养是难以塑造具有家国情怀和国际视野的国际化人才的。

（四）实践层面

实践是检验能力的试金石，提高跨文化交际能力实质是进行沟通和交流等实践活动。传统的线下教学中，课堂成为检验交际能力的主要平台。这种平台单一且具有一定的局限性，无法形成真实的跨文化环境，交际也是在同一语种人群中展开，实践力度不够，深度和广度都受很大的限制。

三、培养学生跨文化交际能力的意义

（一）激发学生的积极性

早期在英语教学的时候，教师都会采取口述的方式，对语法、词汇以及文章进行讲解。由于多数学生并没有去过西方国家，对于当地的文化没有太多了解，因此在被动聆听的过程中，只能明白语言的含义，但不知道此类语言的应用价值。而通过跨文化交际能力培养之后，学生们就能从当地文化的角度出发，深入思考。如此一来，学生们的思维能力就会得到强化，进而具备了更高的个人素质。

（二）提升学生的交际能力

英语学习的主要目的就是交际，通过培养学生的跨文化交际能力，可以使其表达水平有所提升，从而更好地展开交流工作。在实际授课时，通过将不同的文化内容引入进来，以语言文化的形成作为核心，阐述各类文化对语言带来的影响，基于文化差异，实现语义对比，逐步增强学生的基本意识。由于中西方文化差异明显，思考方式也都不一样，若对二者的差异有所忽视，虽然能够保证学生完全理解，但很有可能出现违反文化规制的情况，出现了错误的表达，造成歧义。

（三）提升学生的综合素养

大学英语并非只是对学生的基本技能展开培养，还需要涉及一些跨文化的内容，以此培养高素养的综合性人才。通过将中西方文化渗透在教学活动之中，促使学生们的视野得到拓展，从而在毕业之后，能够有效满足企业的用人需求。

另外，跨文化交际能力是一种基于不同文化场景的交流能力。教师在授课时，依靠多种不同的方法，创设对应的情境，可以有效激发学生的积极性，让其更好地参与进来，持续提升个人水平。

（四）改善英语教师的教学理念

基于应试教育思想，学生和教师都习惯性地以英语考试成绩来反映学生的英语学习水平，严重偏离了英语学习本身的目的。培养学生跨文化交际能力，不仅对学生英语学习产生非常积极的影响，其理念本身也改变了教师的传统教学观念，促使教师将更多的精力放到提升学生英语交流能力上，有效推进我国大学英语教学的进步，为后续的英语教学创新打下坚实基础。

（五）激发学生对英语学习的兴趣

英语学习常态化已经成为我国教育界的共识，大学生在进入大学前就已经学习了多年的英语，但很多学生英语能力依旧停留在纸面上，自身英语交流能力依旧非常有限，因此，大学英语教师如果继续沿袭传统的英语教学方式，则在很大程度上会导致学生降低英语学习的积极性，进而严重影响大学英语课堂教学质量。培养学生跨文化交际能力则可以在一定程度上改善这一状况，重新激发学生学习英语的兴趣。

主要原因有以下几点：第一，跨文化交际能力的培养需要教师收集和整理大量外语文化资料，这在一定程度上丰富了英语课堂教学内容，提升了学生学习的新鲜感。第二，跨文化交际能力的培养也是对我国传统文化的一次重温，这就会在无形中提升学生的文化自豪感，促使学生树立学好英语的自信心。第三，跨文化交际能力的培养是需要在不断的实践交流中才可以真正形成的，这正好契合了当代大学生乐于交友的特点，促使学生主动地投入到英语文化的学习中。

四、培养学生跨文化交际能力的方法

（一）优化教学活动

在大学英语教学活动中，若教师仅仅增加和文化相关的内容，显然完全不够。由于各个文章支架存在差异，因此教师就需要引导学生充分思考，把握各类文化中渗透的不同的价值理念，并从中将精华全部提取出来。让学生们明白，并非所有西方文化都是一些高雅的内容，同样有一些接地气的世俗内容，从而将民族文化的内在影响全部展现出来。由于学生获取文化的方式有很多，并且来自不同的层次，学校就需要自主引入一些健康文化，引导学生的思想，让其有效辨别，创设优良的文化氛围。

除此之外，教师还要合理组织教学活动，做到与时俱进，用最为合理的方式展开引导，注重学生思维模式的强化，为文化学习把好关。通过长期努力之后，学生们的思考方式将会变得更具创新性，明白各类文化的差异，具备更强的文化包容能力，进而促进了个人发展。

（二）丰富教学方式

伴随信息技术的快速发展，信息化教学的普及度越来越高，许多教师都开始在教学中应用多媒体设备。从某种角度来说，这也是未来教育工作的主要趋势。在授课的时候，教师可以通过微课视频的方式，在教室的大屏幕中进行呈现，对教材中某些特定的知识内容展开详细讲解。相比于枯燥的口头讲解，这种模式能够提供大量影像、音频以及图片内容，使得原本抽象的内容变得更具直观性，促使学生的多重感官被强烈刺激。而且在大数据背景下，信息资料的种类也变得十分广泛，学生们可以充分了解不同国家文化的差异，充分感知。这样一来，教学活动将会更具创造性特点，激发了学生们的学习积极性，进而使其跨文化交际能力得到增强。

（三）对教材内容予以丰富

在进行英语教学的时候，为了帮助学生更好地了解各种不同的语言文化，增强自身跨文化交际能力，教师就需要提高对教材的重视度。结合现有的教材，合理选择内容，并重新编排，并在语言之中展现出文化差异。教材中的语言对话理应基于现有的实际生活，结合教学工作的基本目标，帮助学生拓展个人视野。特别是将语言和文化背景全面结合之后，就能让学生们更好地把握各个不同的民族文化以及对于语言部分带来的影响，而跨文化交际就是与不同文化群体展开沟通的能力。在进行教材编写的时候，除了要把握词语、语法以及写作之外，还要将一些跨文化知识内容融入进来，促使学生们在了解文化的同时，还能加深对文章的理解程度。文化背景涉及的内容有很多，诸如政治、文化、音乐、宗教等，为了让学生更好地进行思考，而不是单纯基于现有的思维模式，自然需要尝试对其视角予以拓展，使其更好地进行问题思考。交际工作的顺畅性，除了和学生词汇量有关，还和学生对于不同文化的认知有关。基于学生现有的认知水平，通过针对性培养，使其文化认同感得到强化，从而能够更好地参与进来。

（四）激发学生跨文化意识

在大学英语教学活动之中，教师一直扮演着非常重要的角色。为了提升学生自身的跨文化意识，教师就需要做好引导工作。在授课的时候，并非只是单纯传授知识，而是要尽可能文化内容融入进来。诸如，在语言教学的时候，通过对文化背景展开设定，让学生进入到特定的情境之中，充分感受中西方文化的差异；教师应当积极穿插中 西方文化对比的内容，促使学生积极体会，加深对背景的认知程度；在现有的教材之中，教师也要合理删减，尤其是中西方文化差异的方面，有效引导，积极和学生互动，帮助其找到文化应用的特点。通过长期努力，学生们的文化意识就会提升，从而能够根据自己的想法，自主投入到学习活动之中，进而使得自身整体能力得到增强。

（五）英语教师要切实更新教学理念

作为教学主导的教师对培养学生跨文化交际能力起着无可替代的作用。在高职英语教学中，教师要切实更新教学理念，除了抓好英语语言教学，培养学生听说读写技能，更重要的是要重视文化教学，二者结合无疑有助于学生深入了解英语语言的文化内涵，从而更有效地培养其跨文化交际能力。

同时，这也对高职英语教师的教学能力提出了更高的要求，教师不仅要具备扎实的英语语言功底，而且还要具备深厚的英语文化素养。教师要加强学习，通过各种渠道了解外国文化，丰富自己的跨文化知识，提高跨文化交际意识和能力，更好地胜任跨文化交流知识和技能教学。

（六）利用平台，补充跨文化交际内容

在“互联网+”的现代化信息时代，信息技术应当与教学相融合。大学英语教学不应拘泥于传统模式，多媒体网络化教学手段、各类网络平台的线上教学模式已逐渐走进了教育改革的行列。当今的大学英语教育可以利用信息化手段诊断教学中的问题并进行教学反思，可以获取适合的学习资源和开展持久学习，利用信息化手段进行协同教研和创新。因此，可以运用技术来转变学习方式，通过展现图片、视频等扩充跨文化交际的内容，使学生对不同文化产生直观的认知和对比，进而弥补教材内容的不足。

例如，展示不同国家节日的典型食物，可以让学生了解不同的饮食文化；选择不同的服饰，可以了解一国的历史及风俗；通过观看新闻报道、影视剧片段以及纪录片，可以让学生感知语言在不同场合的语用特点。由于信息化教学手段的多样性，使得跨文化交际内容的展现呈多元化，使之更加生动形象且富有乐趣，易于学生吸收和理解。

（七）翻转课堂，实践跨文化交际能力

学生是课堂教学的主体，大学英语教学中，教师应当充分发挥学生的主观

能动性，让学生变被动听课转为主动参与，翻转课堂教学，利用跨文化交际内容创设情境，使学生在模拟场景中体会不同文化间的差异。

例如，可以让两组学生分别来展示中西方国家的待客之道。为什么在中国做客，主人即便准备了丰盛的佳肴也会表示自己招待不周，不停地给客人夹菜以表热情；而在英语国家做客，主人只准备恰到好处的食物并请客人自便，不会给客人夹菜，而且认为给客人夹菜是不礼貌的行为。只有通过对国家间不同文化礼仪的对比实践，才能使学生更加清楚文化对于交际的重要影响。

第四节　大学外语教学的文化自信教育

一、大学外语教学文化自信的现存状态

进入 21 世纪以来，随着建设“文化强国”、提高国家文化软实力的国家战略的实施，高校外语教育在重视外国语言文化教育的同时，强调跨文化交流，强调中华民族文化的对外推广和中华民族文化走出去，强调提高中国在国际事务中的话语权。当下，中国与世界的交往已然发生了巨大转变，以英语世界为核心的国际交往正在转变为全球成员的参与；以中国单向借鉴世界正在转变为世界与中国的双向交流，中国开始向世界提供中国智慧和中国方略。外语教育理应主动对接这些变化，全方位、多维度训练学生在对外交流中不卑不亢，尊重自身文化，欣赏他国文化。

同时，“一带一路”倡议为高校外语教育的文化自信带来了机遇，让世界重新构建中国国家形象。过去，由于外部对中国的刻板印象和偏见，内部对外宣传媒介的局限，导致内外信息不对称，对中国国家形象的构建有一定的消极影响。“一带一路”倡议，中国从点到面，提供给世界在政治、经济、文化、外交、教育等重新认识和了解中华文化的全方位视角。中国国家形象建构由此前的被动、单向、双边状态开始转向主动、双向和多边状态。中国在“一带一路”上展现的新姿态，为外语教育的文化自信提供了实践方向和参考，既练好内功，掌握中华优秀文化的来龙去脉和未来趋势，在相关领域适时推介中华文化，让其在世界绽放光彩；又对接沿线国家或地区的文化记忆和文化基因，通过取长补短，协同共进，为强化文化自信、构建国家形象注入新力量，带来新机遇。

但是，长期以来，高校外语教育由于深受“工具性”的影响，其教育教学都专注于外语的各种专业技能和专业知识的训练与传授，忽视了对文化知识的

深刻解读，忽视了引导和培训外语专业学生对异文化的批判意识和对中华民族文化的情感态度。高校外语教育在文化自信上存在着一些较为普遍的问题。

（一）外语教学大纲中，中华民族文化的国际传播缺位

这里以改革开放后颁布的高校英语专业教学大纲为例，《高等学校英语专业基础阶段实践课教学大纲（试行草案）》（1978 年）的教学内容“以国外题材为主，原文为主”，中华民族文化未被提及。《高等学校英语专业基础阶段英语教学大纲》（1989 年）在教学任务和目的中提到“丰富学生社会文化知识，增强学生对文化差异的敏感性”，但并未进一步对“社会文化知识”做解释与界定，所以难以判断中华民族文化是否包括在其中。《高等学校英语专业高年级英语教学大纲（试行本）》（1990 年）中提出了对文化素养的要求：“具有较宽的知识面，对英美国家的地理历史……等比较了解，熟悉中国文化。”这是外语教育中难得的“文化自觉”，但不足的是，其尚未意识到中华文化在海外传播的意义和价值。

此后，《高等学校英语专业教学大纲》（2000 年）设定的培养目标是“具有扎实的英语语言基础和广博的文化知识”，结合上下文来看，这里的“文化知识”指的是“英语文化知识”。在这个大纲执行其使命的这 18 年间，国际国内形势已经发生了翻天覆地的变化，其原有的培养目标、课程设置、教学要求、教学原则、教学方法和手段、测试与评估等方面都已经明显滞后于中国社会、国际社会的飞速发展。中华民族文化知识的掌握、传承、创新与国际传播未在大纲的培养目标与教学内容之列，表露了外语教学大纲需要紧跟国家战略而亟待修订与完善。

历经五年的调研与论证，2018 年出台的《外国语言文学类教学质量国家标准》，外语类专业人才的培养规格中提出了“素质要求”“知识要求”和“能力要求”，这三项要求中，对应了“文化”的分别是“素质要求”之“中国情怀与国际视野”；“知识要求”之“熟悉中国语言文化知识”；“能力要求”之“跨文化能力”。尽管这些要求都暗含了中华民族文化素养在其中，但是，扩大中国影响力的中华民族文化走出去的国际传播目标仍未得以明确。好在这个国家标准是外国语言文学类建设的普适要求，各个高校的外语专业尚有结合各自的办学特色、办学层次和人才定位而确定各自校标的空间，为中华文化的国际传播提供了诸多可能，通过向世界展示中华文化的独特魅力而倍增文化自信。

（二）高校外语教材中，中华民族文化被挡在了门外

一些高校外语专业以引进外国语言和外国文化的原版教材为主，着重介绍

传授目的语国家的语言知识和文化，这样一来，中华民族文化很容易就被挡在门外。对国内高等教育外语规划教材涉及中华民族文化占比的研究，刘艳红等学者的数据很具说服力和代表性。他们以“十二五”普通高等教育国家级规划大学英语综合教材共计10套40册为研究对象，这10套教材，主要由上海外语教育出版社、高等教育出版社、外语教学与研究出版社等出版，这些出版社的出版品质是公认的，所以较具有代表性。通过对这些教材的研究发现：“教材的中国文化比例过低，未能在‘中国文化走出去’和‘加强中国价值的国际传播’过程中发挥更大的作用。”或许正是这个原因，导致了现代大学生甚至外语专业学生在国际交往和跨文化交际中，很难用外语正确表达和传递中华民族文化，更遑论对其进行传播与推广了。

而即便有部分涉及中华民族文化的教材，也多以介绍中国传统文化知识为主，如中国龙、饺子、中国功夫、中国汉字等，对红色文化、革命文化、中国特色社会主义先进文化丝毫未有涉及，没有展现真实、立体与全面的中国，不足以改变中国在国际社会中的刻板印象。

（三）高校外语教师的民族文化自觉意识淡薄

当前高校外语教师学历普遍较高，有的甚至在国外取得了学历与学位。外语教师长期在外语环境里熏陶和学习，加之外语教育教学多年来一贯的“培养具有扎实的外语语言基础和广博的文化知识”的目标定位的引导，外语教师对外语专业知识、专业技能和外国文化等信息表现为一种积极的开放性，因而积淀深厚，造诣较高。

但与之相对的是，由于没有站位高远的“弘扬传承并传播中华民族文化”的外语教育教学目标的引领和指导，外语教师对继承中华民族文化、传递中华民族文化、反思中华民族文化、创新中华民族文化的文化自觉意识还较淡薄。表现在：其一，对中华民族文化主体性地位认识不足，对其前世今生只知其一，不知其二，尽管可能知晓一定的中华传统文化，但对优秀传统文化的历史渊源、内涵、精髓、本质与独特文化价值以及未来发展趋势等了解不全面不深刻，对中国革命文化、社会主义先进文化的内容和精神不求甚解，甚至认识有偏差或认识错误。其二，对中华民族文化认同感疏离，民族文化个性没有得到彰显，较少反思与追问“我是谁”。全球化时代，每种民族文化不可避免地与他文化或产生交融，或产生冲突，或产生对抗，这个过程中，站稳脚跟，认清“我是谁”，对自身文化的强烈认同与肯定就显得尤为关键。但由于外语教师长期接触强势的西方文化，易于用彼之长比己之短，产生身份的摇摆甚至身份迷失，导致文化不自信，这种不自信甚至可能会传染给学生，造成较大负面影响。其三，对中华民族文化进行传承创新的社会责任感和使命感淡薄，对中华民族文化与世界文化的关系认识模糊，没有意识到文化传承创新“是文化自觉的落脚点与归宿”。

一旦外语教师的文化自觉意识不够，那么他对中华民族文化的批判、继承与创新就难以成为可能，更难以对学生提供适切的引导。一旦外语教师对中华民族文化的系统学习、通盘掌握以及与之相关的文化素养的积淀不够，就可能导致不能深刻、批判地用目的语表达与传播中华民族文化，导致中华民族文化在国际交流中的弱化，这对培养具有国际视野、中国情怀的外语专业学生来说是严重不够的，很容易导致培养的外语专业学生仅仅熟知外国文化，对中华民族文化了解甚少，理解甚浅，最终导致外语专业学生对中华民族文化缺少认同感、自豪感和自信心，而反过来倒追异国文化。

二、大学外语教学中“文化自信”教育现状

（一）课时偏少

中华传统文化源远流长，具有体量庞杂、内容丰富的特征，因此教师为保证文化自信教育真正发挥实效性，需以一定的课时投入作为基础。而现有高校不同专业在英语课程规划设计上存在一定差异，例如某高校将非英语专业的大学英语课时设为每学期 60 课时，其中近 30 课时均以阅读、交际、语法作为主要授课内容，约有 20 课时侧重于培养学生在口语对话、写作与阅读等方面的实践能力，剩余 10 课时用于渗透中华传统文化教育等德育内容。在此模式下，文化教育内容在课时中占比仅为 16.67%左右，难以保证在有限课时内达到预期教育效果，这影响了文化自信教育的实效性。

（二）教学认知模糊

在大学英语阅读课程中，很多阅读材料体现了传统文化内容，阅读教学成为文化育人价值效用发挥的主要途径。但部分教师在教学实践过程中对此缺乏清晰认知，较少占用课堂时间进行对阅读材料内容的集中讲解，而侧重于安排学生在课后进行自主阅读。部分学生在解答阅读理解题目时习惯于将题目代入阅读材料中寻找答案，由此造成本末倒置问题，难以做到对语篇材料内容的完整理解，进而影响英语教学中文化自信教育的实施效果。

（三）学生缺乏兴趣

部分高校在将传统文化融入大学英语教学中后，学生表现出了缺乏学习兴趣的现象。造成该问题的原因主要体现在两个方面：其一是受文化差异的影响，教师将传统文化内容翻译为英文，增加了文本阅读理解难度，从而导致学生产生较大的学习负担；其二是内容选择不当，多数学生对于传统文化有一定的了解，而部分教师在英语课程中选取的传统文化题材、内容往往与学生的已有知识经验重合，这导致教学内容缺乏新鲜感，难以有效提升教学实效。

三、大学外语教学中的文化自信教育内容

（一）以学生为本，引导大学生建立自觉的文化主体意识

文化自信课程建设的成效在大学生，检验课程是否有效的标准是大学生的文化自信获得感。大学外语要坚持大学生学习效果教育理念（OBE：Outcome Based Education），首先大学外语教师要加强对大学生研究，探求他们的成长规律，达到外语教学的因材施教效果。当今大学生多为“90后”或“00后”，伴随网络发展和新媒体成长，他们完全身处思想舆论的多元化时代，显得更加自我和个性化，他们来自全国不同地域，思想观念差异较大。正直感、宽容感、公益感、奉献感、探究感、乐学感、自信感、专业感、表达能力、人文美感和科学美感等都需要加强。大学外语课程的文化自信要以大学生为中心，引导他们感悟生活，乐学、自信和探究，真正地建立自己的文化自信和文化自觉。楼宇烈认为，大学生要更热情大胆地去拥抱自己的传统文化，建立一种自觉的文化主体意识。所谓自觉的文化主体意识，就是要对传统抱有理解、认同和尊重，要对中国文化有信心，这样才有可能与其他文化平等地比较与交流，才能清楚而理性地看到自己文化的不足和其他文化的长处。文化自觉就是要把中国文化根植到传统中去。同时，大学生要通过外语学习走进国际化的新时代，做一个21世纪世界公民，认真了解、学习和遵循地球村的交通规则，跟上全球化时代的科学和民主进程。

（二）以文化为源，形成和而不同的文化自信

创建柏林洪堡大学的冯·洪堡说：“一个民族的语言就是它们的精神；一个民族的精神就是他们的语言。”大学外语教材选择必然体现社会主流价值观，并与现实生活相关联。阿普尔（Michael W.Apple）曾说，教科书不仅仅是教育问题，而且从本质上说也是一个意识形态和政治问题，因为教材往往决定谁的

知识最有价值。课程文本要体现主流价值观，任何国家的教材都不例外。大学外语课程的文化自信教育就是要实现真正意义的跨文化交际，不仅研究外国语言文化，更要把与课文主题相关的中国文化及其核心价值观引进大学外语课堂教学，同时发掘教材文本中的中华优秀传统文化元素。

目前，大学外语教材不是缺少传统中国文化元素，而是缺少真正的优秀文化发现，需要教师阐释或者师生共同寻找，一起把中华优秀传统文化“点”连成“线”，把“线”编织成“网”，把中华优秀传统文化全方位展示在大学外语课堂。这个过程就是文化自信的建构过程。

其实，世界任何优秀文化都是相通的，尽管西方文化灿烂多彩，而博大精深的中国文化更是毫不逊色，中国文化精神在英语世界更是随处可以找到印记，这更坚定大学生的文化自信。中华优秀传统文化独一无二的理念、智慧、气度和神韵，真正能够增添包括大学生在内的中华民族每个分子内心深处的自信和自豪。“君子和而不同”的“和”的意想是不同的“协和”。可以融合多种相互矛盾的文化思想，正是典型中国传统知识分子的文化特质。大学外语文化教育要以开放的胸襟和海纳百川的文化心态迎接世界，并用世界的眼光来看中国。《中庸》强调，“万物并育而不相害；道并行而不相背。小德川流，大德敦化。此天地之所以为大也”。大学外语教学既要融入中华传统优秀文化，充分发挥汉语的母语正迁移作用，同时要从西方文化汲取有益文化养料去丰富、创造新时代的中华文化，立足本来，吸收外来，面向未来。

四、“文化自信”视角下将“课程思政”融入外语教学的策略

在高等教育大众化的背景下，德育成为高校育人体系中的重要环节，直接影响人才培养质量。“课程思政”的核心思想是将思想政治教育与多学科进行交叉融合，将德育要素融入其他学科课程教学过程中，借此形成教育合力，实现高校人才培养目标。在全球化时代，大学英语承担着语言交际与文化交流传播的重要职能。将“课程思政”融入大学英语教学过程，形成教育合力，增强学生的文化自信，能够进一步加快中华优秀传统文化的对外传播速度，同时可以引导学生形成正确的价值观，促使学生坚定政治信仰，提升道德素质，从而践行高等教育“立德树人”的任务要求，提升人才培养质量。

（一）强化立德树人价值导向，引领正确教育方向

英语教师应当明确当前高等教育的人才培养目标，坚持将“课程思政”作

为核心教育理念，以“立德树人”作为价值导向，转变传统以语言知识讲解为主的教学模式，自觉承担文化传承与传播责任，深入挖掘传统文化的教育价值与育人功能，并将其融入课程思政建设环节，由此在日常英语教学中实现文化教育与德育价值的协同提升。现行大学英语教材内容涉及政治、经济、人文、历史及地理等多个领域，在多元文化、多学科领域内容交叉的背景下，如何突出并强化中国文化的特色与吸引力成为教师亟待解决的问题。

因此，教师要树立坚定的政治信仰与正确的价值观念，从中华五千年文明中汲取精华，在上课时引入“四大发明”、张骞出使西域、鉴真东渡等典型事例，引导学生进行中外文化差异性的比较；通过介绍茶、丝绸、书画等国学案例，进一步完善学生对于中华传统文化的认知。教师通过中外文化对比，能够使学生清晰树立对文化差异性的认知、增强对传统文化的认同感，为学生文化自信的培养创设良好基础。与此同时，教师应注重培养学生增强文化敏感性和提高语言使用的规范性，促使学生自觉抵御多元文化思潮下的文化入侵现象。

例如，教师可以从中外用词差异入手，在指导学生翻译“一带一路”倡议时，将其译为 the Belt and Road Initiative 而非 the Belt and Road Strategy，避免因用词不当造成文化误解；在 针对我国文化中的“龙”这一意象进行翻译时，结合文化差异选用 loong 而非 dragon；在翻译“武术”“功夫”等中国文化中的特有词汇时，选用 Kongfu 代替 martial art，采用 Tai Ji 代 替 shadow boxing，确保在翻译过程中融入我国文化用语特色，为中国文化的海外传播创设良好基础，避免陷入“失语症”的误区。

（二）完善课程思政教学模式，建立多维联动机制

为确保“课程思政”育人格局的形成，一方面，高校应完成教学目标的分解细化，以现行教材为基准进行单元模块的划分，围绕听、说、读、写、译五个技能进行思政教育素材的挖掘与开发，深化语言技能、经典文化元素与社会主义核心价值观等教育内容之间的融合对接，实现教育目标的统一。另一方面，教师应将课程思政与文化育人理念贯穿英语教学全过程，引入线上线下混合式教学模式，建立教学联动机制，坚持以学生为主体。教师发挥指导作用，课前将学习任务、学习目标与素材资源发布给学生，由学生自主开展学习探究活动；课中借助课堂讨论、小组合作等形式组织学生进行学习困惑与问题的探讨，帮助学生实现对教学内容的有效内化，完成教学评价；课后采用项目式教学法进行拓展练习，使学生增进对文化内容的了解与延伸性学习，从而有效增强学生的批判性思维能力，使学生树立社会主义核心价值观，更好地增强文化自信。

（三）聚焦社会热点事例分析，有效丰富教学内容

高校应在文化自信理念的指导下开展大学英语教学。英语教师应面向大学生的文化素养与价值观念维度进行教育目标的定位，明确认识到英语教学在提升学生政治文化素养、推动中国文化传播等方面的重要作用。教师通过在教学中引入时事热点新闻、典型社会实践等实例可以丰富和更新英语教学内容，为当代中国文化的全球化传播提供有效载体，进而在潜移默化中发挥对大学生思维理念、价值观念的影响作用。教师可采用案例分析教学法，选取一个或多个典型事件、故事、问题或观点，将其重组或串联后构成一个开放性讨论情境，引导学生针对情景开展思辨性活动，对情境中不同人物的行为、态度和观点作出阐释。这样既能够丰富现有教学内容、拓宽学生的知识视野，同时也有助于增强学生的文化认同感，促进思政教育功能的有效发挥。

例如，教师可以“跨文化交际”作为核心，依照时间顺序选取 2018 年 9 月 2 日中国游客在瑞典酒店“被驱逐”、2018 年 11 月 21 日意大利奢侈品牌杜嘉班纳涉嫌辱华、2019 年 4 月 9 日中国非洲研究院成立、2019 年 5 月 15 日亚洲文明对话大会等典型事件作为教学素材，引导学生针对上述涉外事件进行分析，让学生模拟真实的交际场景进行跨文化交际过程中的难点问题分析。教师可以通过文化不平等、文化差异等现象引导学生树立正确的认知理念与批判性态度，增强其文化思辨能力；并在模拟“一带一路”文化产品推广、讲好中国故事等主题活动中增强学生对于传统文化、当代社会主义先进文化的认知，同时增强学生的文化认同感与自信心，为学生正确价值观与文化自信的养成创设良好基础。

（四）拓宽大学英语教育渠道，形成立体育人模式

大学英语课程作为课程思政建设的关键环节，应主动肩负起“以文化人、以文育人”的教育责任，保证在向学生传授知识与技能的同时，使学生的道德品质、情感态度、价值观念也得到良好的培育。为落实“全员育人、全过程育人、全方位育人”的教育任务，形成立体化育人格局，大学英语教师应积极拓宽教育渠道、丰富教育模式，以学生的兴趣喜好与关注热点作为有效切入点，引入第二课堂与综合实践活动，渗透思政教育内容。

例如，教师应把握好“中国共产党成立 100 周年”“五四”青年节等重要节日活动契机，策划爱国主义征文竞赛、红色影视作品欣赏、红色剧目文艺演出、红色基地参观和微电影制作比赛等多种主题活动，引导学生在各类活动中尝试用英语讲好中国故事，在实践活动中培养学生的爱国主义精神、增强其对

中国文化的自信和热爱，通过这些活动积极影响当代大学生的价值观念、政治素养、文化素质。同时，教师可以借助校园网、官方微博、微信公众号等渠道进行优秀作品的展播和宣传，扩大文化影响力，进一步增强学生的文化自信，深化思政教育价值。

第六章　学生外语教学文化自信的提升策略

大学英语课程除了要以提高学生的英语语言技能和跨文化交际能力为己任之外，还要担负起培养和提高学生文化自信的历史重任。本章分为大学外语教学中培养学生文化自信的策略和新时代大学外语教学的文化自信建设策略两部分。主要内容包括：大学生文化自信存在的问题、大学生文化自信培育相关理论、外语教学中培育学生文化自信的必要性、外语教学中学生文化自信培育的对策等方面。

第一节　大学外语教学中培养学生文化自信的策略

一、大学生文化自信存在的问题

（一）社会文化环境多元化

首先，部分的消极影响是来源于社会主义市场经济制度的不够完善。改革开放带动了多行业的经济发展。经济发展的速度与文化的发展速度不匹配就必然会导致信念异化显现的存在，就使得社会在积累大量财富的同时，也在激化更多的问题和矛盾。市场经济的目的是最大程度地获取利益，但是这必然会导致不平衡现象出现。也是对于社会主义核心价值体系以及一些良好美德的巨大冲击挑战。经济制度的不完善，各种不平衡现象的出现，使得很多大学生的信念发生了很大的变化，使得越来越多的大学生开始过分地追求物质放弃了对于精神信念和价值的追求，对物质的过分追求必然带来的是对非物质的精神追求的缺失。

综上，我们虽然在经济体制建设的领域内取得了较大的成就，但是对于精神文化世界的建设我们还是存在较多的问题的，这些问题会阻碍文化建设的进步，会拉大精神建设和文化建设的差距，文化发展的制约必然会在文化自信的建立上产生偏颇。其次是互联网产生的消极效应。社会现状表明，网络的发展给大学生们带来的不仅仅是便利，还在不同程度的侵蚀着学生的生活环境，影响着学生价值观念、文化观念、行为习惯等方面。有学者认为，网络世界的环境相比现实世界更多样更复杂，不良的信息也会更多，这样对于大学生的不利影响也更大。开放性的网络发言环境，使得学生接触的信息越来越多，部分学生由于身心还不够成熟，知识储备不够使得其缺乏较高的判断是非的能力，就会对那些不正的低俗信息相信不已，甚至沦为其传播者。

目前不排除有些西方国家借着互联网之便，将自己的一些意识形态粉饰后作为文化渗透的工具，很多大学生在不知情的情况下就将大量的注意力投入其中，不知不觉中就改变了自己的价值观念和文化意识，并且由于从众心理的作用，就会使得越来越多的学生迷失其中，丧失了对于文化发展的正确切纯良的判断。

（二）学校教育体系不完善

在培养大学生的文化自信过程中，学校承担着重要的责任。学校是汲取新思想、新知识的场所，学校教育是建立文化自信的关键途径。高校在大学生文化自信培育过程中存在的不足，表现在培养方向偏离、教学方法单一、内容偏重专业知识的传授，忽略文化自信的培养。

1. 教学方法单一

作为当代最活跃的大学生群体，他们对知识的追求不再局限于在教室里听老师讲课，而是更加希望可以得到实践或者网络授课，而学校在这方面关注比较少。

2. 学校的培养目标发生偏离

学校通常以实现人的全面发展为教育目的。在传播人类文化和教育大学生的过程中，学校应为大学生提供全面的知识教育，但当前大学生的教育明显偏离了这一点。目前，而且我们学校所开设的思想政治科学理论课大部分都是讲述现代历史，旨在引导大学生能够通过自己的思想政治科学理论课来了解历史，牢固树立起自己的思想和历史文化观。它越来越少涉及中国优秀传统文化。它更多涉及的是革命性的文化与先进社会主义的文化。但只有优秀的传统文化的价值和重要作用得到大学生的充分理解和认识，才能在心理上真正的认可，并为弘扬我国优秀传统文化而感到骄傲，然后我们才能在行动中对我们的文化表现出信心。

3. 教育内容偏专业知识的传授

大学作为培养学生专业技能的地方，从课程设置到教育方式上都会偏重专业知识的传授，以确保大学生通过大学期间的学习可以掌握自身的专业本领，因此对于文化自信方面的培养弱化。加上我国的思想政治教育课程是由国家统一设置，从课程的设置到教育的方式都比较传统，大学生会感觉文化自信离自己很远，自然而然的不去重视文化自信方面的学习。

4. 学校对文化自信培养的忽视

大学阶段是大学生从不成熟过渡到成熟，从纠结过渡到沉稳的关键阶段，这是大学生文化自信形成的关键时期，而学校在培养大学生文化自信方面肩负着重要的责任。而大学生对文化自信的内容没有透彻的了解，更容易受到西方文化的蛊惑。学校忽视文化自信的培养，使大学生对于文化自信内容了解不透彻，更容易被西方文化侵蚀。

（三）家庭教育缺乏培育意识

家庭是儿童成长的起源，父母作为孩子一生教育中的第一引路人。父母的文化观念、戒律和行为直接影响着儿童文化观念的发展。

1. 家庭文化氛围欠缺

家庭文化氛围对大学生的成长具有指导作用，父母的一言一行都会对孩子造成影响。父母对优秀文化的态度，能否积极学习和实践优秀传统文化，父母对中国文化的信心程度对孩子的文化价值观的发展有很大影响。面对我国的优秀文化，如果父母能够认识到其文化内涵的重要作用，以身作则去学习和传承文化，那么子女也会效仿。

2. 父母教育观念不一致

家庭是大学生成长和生活的基本环境，在大学生的健康成长和文化素养的培养中起着重要的作用。在培育过程中，许多家庭只注重对知识的硬式教育，而忽视对他们的道德教育。

（四）大学生自身教育不主动

大学生在了解我们国家的优秀文化方面的积极性、对外来文化的甄别和筛选能力，以及自身对优秀文化开展实践的主动性等几个方面，共同决定着当代大学生能否更好地树立文化自信。

1. 大学生的心理还不够成熟

当下的大学生是集可为和可信于一身的群体。他们富有朝气，积极向上并有进取心。是实现我们中华民族伟大复兴的重要力量，也是人民和社会的希望和未来，更在我们文化强国事业的建设上发挥着主力军的作用。然而，由于当前大学生们普遍缺乏社会实践经验、在心理上和思想上都不够成熟，并崇尚个性、喜欢追求与众不同，倾向于标新立异、独树一帜，他们内心深处其实渴望创新。

与此同时，在西方文化大肆入侵的趋势下，大学生又很容易被这种文化势力所误导，在将我国文化和西方文化进行对比中，容易只看到对方表层的优势而忽略了我国传统文化的独特魅力。很多大学生缺乏一种平静的心态来对文化进行一个冷静的独立的思考，在日常生活中，难以对我们优秀的、独特的传统文化进行深层次的转化和创新发展。这种情况对当代大学生们养成高度的文化自觉、培养文化自信产生了严重的不良影响。

2. 大学生的文化意识根植不深

大学生对文化自信方面的课程重视程度不高，他们对待文化课的这种心态，实质上体现了对我国优秀传统文化、优秀革命文化和我们独具特色的社会主义文化的不重视、不感兴趣、缺乏热爱，而对这些优秀文化的创新就更无从说起。对“国家兴亡、匹夫有责”这样的正念也就更加荡然无存了。

即便他们按部就班地学习了这些课程、听从了老师的教学或者在学校参加了一系列的文化活动，对文化的认知也只是停留在表层，并没有做到知行合一，把文化理论和精髓融入自己的思想中去指导实践、转化为实际行动。这对当代大学生文化自信的形成很不利。

我们认识到了新时代大学生文化自信的问题，也分析了问题产生的原因，接下来我们要采取措施来纠正这些问题。

二、大学生文化自信培育相关理论

（一）大学生文化自信培育的内涵

大学生文化自信培育，即培育主体针对大学生这个特定的群体，将培育内容寓于一定的媒介载体之中，通过培养与教育的方式增强其文化自信水平的一种实践活动。文化自信不是天生就有的，大学生这一群体也不例外。从当代宏观文化背景来说，互联网及其衍生技术的发展所带来的虚拟生存为传统文化环境带来了全新的活力，在新的文化背景下，大学生所能接触到的文化种类变得十分繁多，多样的文化思潮带来的是激烈的意识形态碰撞，大学生身处其中必然会产生文化选择上的迷茫。从微观来说，大学生阶段正位于一个人自我文化观念形成的关键节点，处于拔节孕穗期的他们在文化的认知与文化情感方面一般是不成熟的。

因此，基于当代宏观的文化背景与现实需求，大学生文化自信培育是对虚拟生存背景下多样文化思潮所带来的激烈意识形态碰撞的积极回应，是引导大学生走出文化迷茫的教育实践活动。而从大学生群体这一微观角度来说，大学生文化自信培育可以表达为针对大学生这一特殊群体，根据他们所处的文化价值观形成关键阶段这一特殊时期所制定的教育与培育计划。

（二）大学生文化自信培育的目标

在虚拟生存背景下，基于文化自信生成的逻辑过程，大学生文化自信培育的目标主要有四个，囊括对大学生文化知识的认知与积累能力、对文化的认同情感、对文化认同的意识以及对优秀文化的传承与创新能力等素质的培养与提升。

首先，是培育大学生对于文化知识的认知与积累能力。使他们能够主动对中国特色社会主义文化进行学习与掌握，把握文化内涵，感知文化精神，树立正确的学习观念。

其次，是引导大学生在文化认知的基础上形成认同感情。培养大学生在虚拟生存带来的全新文化环境中坚持对本土文化的认同，肯定中国特色社会主义文化的精神含义，对本民族文化的发展前景发自内心地抱有希望，同时能够客观看待外来文化，既不盲目否定，也不全盘接收，时刻保持理性的情感态度。

再次，培养大学生将文化认同情感转化为文化认同意识的能力。使大学生不止在情感层面可以排除干扰，具有坚定正确的文化价值取向，而且可以在当前纷繁复杂的文化世界中掌握独立区分先进积极与消极落后文化的能力，能够在意识形态层面具有对社会主义核心文化的认同意识，一以贯之地做出正确的文化选择。

最后，是引导大学生践行积极的文化传承与创新行为。培养大学生主动将中国特色社会主义文化当中的精神内涵运用到对国家的建设与发展实践中去，并鼓励大学生积极参与文化交流活动，主动承担起弘扬与继承本民族优秀文化的使命。不断开发大学生对于中国优秀文化的创新能力，使中华文化在虚拟生存的背景下紧跟时代步伐，焕发出全新的活力。

（三）大学生文化自信培育的结构

1. 大学生文化自信培育主体

大学生文化自信培育的主体既可以是一个组织，也可以是组织当中的某个群体或个人，但它一定要具有主动培育的能力，可以作为教育者组织开展大学生文化自信培育的行为。大学生文化自信培育主体主要指政府、社会、学校以及其中的群体或个人。

在大学生文化自信培育工作中，党和政府应积极发挥上层引领、带头示范、政策支持与监督检查的作用，统筹兼顾，统领全局，并引导社会、学校等主体联动合作，为营造稳定有效的大学生文化自信培育创设条件。社会应发挥促进作用，增强各界的责任意识，企业努力创造大学生喜闻乐见的文化创意产品，商业媒体平台提升自觉维护网络平台健康发展意识，共同促进文化自信培育效果。作为大学生文化自信培育最主要的主体，高校应发挥其固有教育优势，在虚拟生存这一全新的背景下抓住机遇，创新培育方式，以大学生接受度更高的方式进行培育，并积极开展校园文化活动，以期提升文化自信培育效果。培育主体除了完善自身培育过程外还应丰富主体间的多维合作，力求扩大培育效果。

2. 大学生文化自信培育客体

大学生文化自信的客体包含两个方面。一方面是作为物的客体，主要就是指培育过程中所用到的文化资源、培育方法等；另一方面是作为人的客体，即大学生文化自信培育的接受者——大学生。值得一提的是，作为人的客体的大学生是具有鲜明性格特点的群体，特别是虚拟生存背景下开放的文化环境使他们的个性得到了更大的释放，具体来说他们所具有的与培育相关的个性特征主要有以下两点。

第一，具有不稳定性与可塑性。大学生处在文化价值观塑造的拔节孕穗期，他们文化认同情感与意志还没有完全形成，可塑性较强，但正因为他们情感意志的薄弱，使其在面对消极文化的侵蚀时容易动摇，具有一定的不稳定性。

第二，主体性的提升。在文化资源的获取与文化思想的交流愈发便捷的今天，大学生的学习过程不再是以往传统教育模式下的被动接收，而逐渐转为自主学习，所以他们对于培育内容的接收有着自己的评判，并且是具有选择性的。除此之外，他们看待文化信息与文化产品时是以自我意愿为主导的，更加注重自我需求的达成。

3. 大学生文化自信培育内容

培养大学生的文化自信就是要培养他们对中国特色社会主义文化的自信。习总书记指出，中华民族上下五千年积淀的优秀传统文化、党带领人民在革命中形成的革命文化、在建设和改革实践中积累的社会主义先进文化共同构筑了具有中国特色的社会主义文化。当代大学生文化自信培育的内容应该是这三者的逻辑统一。

（1）培育大学生对中华优秀传统文化的认同

一个国家与民族优秀的传统文化是其屹立不倒的根本，如果忘却了，那这个国家这个民族就成了一叶浮萍，失去了精神根脉，价值土壤。传统文化是泱泱中华历史发展进程的真实写照，从四书五经到论语大学、从诗词歌赋到舞蹈音乐，无数的文化瑰宝无一不体现着中华民族勤劳勇敢、聪慧善良的品质，生动形象地展示了绵延中华数千年的精神追求。

中华民族优秀的传统文化承载着我们民族的历史积淀，是文化成果的传承，对激发民族文化情感、形成民族文化信念、塑造民族文化品格都起到了十分重要的作用。当代大学生文化自信培育的首要任务就是培养大学生对于中华民族优秀传统文化的内涵的认知与认同，使大学生深入发掘传统文化中的历史价值、精神思想、人文道德，将优秀传统文化根植于当代大学生之心。

（2）培育大学生对革命文化的敬仰

革命文化是在继承中华民族优秀文化的基础上对我国革命风雨历程的追溯和记载，是革命年代精神的汇集，而革命文化的精神形式正是革命文化内涵的突出表现。党带领人民在与敌对势力进行顽强斗争的过程中展现出了无数值得后世继承和弘扬的优秀精神，例如在新民主主义革命战争期间涌现出来的延安精神、红船精神等，虽然革命精神在不同年代的形式有所不同，但这些精神所蕴含的深层文化内核都是中华民族优秀的价值传递。只有不忘来时路才能创造新未来，在世界文化交流日益密切的今天，大学生的文化选择变得多样化，我们必须要使优秀的革命文化成为大学生文化选择中的必选项，引导他们在革命文化中加深历史认同，产生对革命文化的敬仰之情，培育他们吸取文化精粹的能力，让革命文化成为流淌在大学生血液中的精神营养。

（3）培育大学生对社会主义先进文化的践行

中国特色社会主义先进文化是由马克思主义指导的，坚持马克思主义方法论与认识论的科学文化，不是马克思主义原理在中国生搬硬套的使用，而是结合了中国的社会实际，受到实践检验的文化，是具有理论与实践双重来源的先进的、科学的文化。

除此之外，中国特色社会主义先进文化之中还有我国优秀的传统文化，具有中华民族优秀文化一脉相承的精神品质。社会主义先进文化诞生于我国社会主义建设与改革开放的伟大事业中，代表了中国最广大人民的价值追求，是我国文化发展历程的腾飞式跨越。大学生作为建设社会主义文化强国的后备力量，要鼓励他们积极践行社会主义先进文化中所蕴含的精神品质，自觉承担起在我国发展迎来新的历史方位这一背景下进行文化建设的艰巨任务。

4. 大学生文化自信培育媒介

大学生文化自信培育媒介指的是能够承载文化自信培育内容并为培育主客体提供链接的介质，且该介质可以被培育主体控制并有效运用。从发展历程上看大学生文化自信培育媒介主要可以分为传统媒介与现代媒介两类。

传统媒介指的是通过一定的传媒载体，如报刊、广播、电视等向受众群体展示文化内容的媒介，这种文化内容一般是类型固定且内容经过层层筛选的。传统媒介的历史较为悠久，在长期的发展历程中形成了较为严格的管理体系规范，这就保障了其所发布内容的权威性，使传统媒介具有较强的公信力。但传统媒介也有一定的弊端，如，传统媒介文化内容的传播是单向的，缺少相应的信息反馈机制，受众群体只能对文化信息进行被动的接收。

此外，因传统媒介中文化信息的审阅、排期、定稿是一个完整的产业链条，其中任何一个部分出现问题都会导致信息最终延后或无法传递到受众群体面前，极大地影响了信息传递的时效性，且因传统媒介的播放时间、版面等限制，它所能承载的文化信息在数量上也是有限的。

现代媒介指的是随着互联网的产生发展逐步衍生出来的现代新型媒介形态，主要包括自媒体、应用程序等新兴媒介。现代媒介是在传统媒介功能属性基础上的创新升级，在一定程度上克服了传统媒介的不足。现代媒介整合了互联网中丰富的文化信息资源，在传播过程中创新形式，利用图片、音频、视频等多样化的文化形态将文化信息呈现在受众群体面前，具有一定的传播优势。现代媒介虽然具有传播渠道多样、传播内容丰富、传播速度快、互动形式自由等优势，但因其传播门槛较低，致使管理难度较大且传播的文化信息内容缺乏公信力和权威性，亟需加大规范力度。

值得一提的是，大学生文化自信培育媒介的形式是动态发展的，评判一个介质是否属于培育媒介，是要看它是否可以承载文化自信培育内容，是否可以被培育主体有效利用，是否连接了培育主客体，只要做到了这三点，就可以说一个介质是属于文化自信培育媒介范畴的，随着虚拟生存的升级推进，培育媒介的形式必然会愈发丰富。

三、外语教学中培育学生文化自信的必要性

文化自信能充分体现出一个国家、民族和政党的自信力，更体现出了其对自身的评定和态度。大学生是青少年中的领头羊和主力，所以更应该着重培养大学生的文化自信，加强自身发展，助力民族伟大复兴，让大学生成为中国的未来和希望。为推动高校思政教育发展，为实现中华民族伟大复兴，更为践行社会主义核心价值观起到重要作用。

（一）有助于大学生自身发展

大学生之所以要培育文化自信，是希望大学生对本民族优秀的文化有认同和归属，并从心理上接受其带给自己的积极作用，让其成为精神支柱。多角度多途径着重培育大学生文化自信，让大学生从认知层面提高自身文化自信水平，这对大学生未来的发展起到了思想指导的作用。大学生要对自身优秀文化的发展和进步充满信心，用坚定的理想信念去引导自身文化价值，积极地去弘扬和发展中华文化。大学在新时期环境下的文化自信培养要结合时代特点继承发展优秀文化作为大学生精神指导，推动优秀文化的发展。

（二）有助于推动高校思政教育发展

大学生文化自信的培育是新时代高校教育的重要主题。高校正处于新时代高等教育的改革时期，而高校又有着重要使命，高校在建设文化高地和辅助大学生建立正确的三观发挥着作用。因此，大学生确立良好的文化自信，是其在学习过程中找到自己人生价值的工作，必须从高校教育改革入手。因此，在针对大学生进行思想政治教育的过程中，高校不应该仅仅只是思想政治灌输式教育，更是需要我们注重提升大学生综合观念素质，帮助高等教育学者充分了解和继承我国良好传统文化，树立正确的品格和观念，进一步为建设中国特色社会主义强国贡献自己的一份力量，承担起来作为我国广大公民中一分子所应当接受的一份义务和责任，同时高校应当以爱国、敬业的精神教育工作为要，在大学生思想政治文化自信的培养中进一步进行教育帮扶。同时要着重培育大学生的创新、创业、实际操作能力，帮助推动大学生思想政治教育体制和教育能力的完善。

（三）有助于践行社会主义核心价值观

一个民族，其最强大的力量是文化，对于一个国家来说，想要拥有不竭的发展动力，必须有一个共同坚持的核心价值观，在全国人们共同认知下推动国家繁荣昌盛。为了实现社会主义核心价值观在群众中更好地传播，文化自信是我们避不开的观点，而大学生这个群体在践行社会主义核心价值观上具有极为重要的地位，只有大学生在面对外来文化时可以从中吸取优良的部分以供查漏补缺，免除其中不好的部分以免受到不好文化的影响，这样才能够更好地将我国优秀传统文化发扬光大。大学生是社会主义核心价值观的先锋践行者，是社会风貌的首要体现者，大学生文化自信的系统性教育，有助于在文化水准和文化活力层面上提高大学生文化素质，从认知层面上帮助大学生进行文化真伪的甄别，推动大学生广泛参与特色中国文化建设进程，对践行社会主义核心价值观起重要作用。

（四）有助于实现中华民族的伟大复兴

文化是一个民族延绵的动力，是一个国家不断发展的动力，是我党继续前进的不竭泉水，因此文化自信建设在当前社会发展和民族振兴的进程中发挥着重要作用，大学生作为当下高级知识分子，更应当承担起继承与发展中华民族优秀文化的责任，不断提高文化辨别能力，增强我国文化软实力，将我国塑造成一个文化强国。

中华文化源远流长博大精深，在这广阔的原野之上，孕育出许多优秀的传统文化，只有认识文化自信的重要性，从文化发展规律入手把握文化发展脉络，传承中华民族优秀文化，推动中华精髓文化走向世界，才能够实现中华民族在文化之林矗立的理想。

四、外语教学中学生文化自信培育的对策

现在的大学生在文化自信的培养方面，取得了一定的效果，但是仍然有很大的缺陷需要填补，根据问题产生的原因，我们提出新时代大学生文化自信培育解决问题的对策。

（一）坚持文化自信的原则

在社会主义各项事业飞速发展的时代，在培育大学生的文化自信的过程中，要把握好培育的方向性和渗透性的结合，开放性和民族性的结合，科学培育与系统培育相关联，对传统文化在继承的基础上予以发扬，在培养大学生对文化的自信心时，应遵循上述原则，最大程度在各方面打造大学生的文化自信心。

1. 方向性与融合性相结合

在当下的时代趋势中，想要搭建大学生对文化的信心，一定要把握好文化发展的正确方向，以时代的发展要求为主导，要更多地以文化融合的方式来树立大学生的文化自信。把培养方向和文化融合密切关联，辨明确切的培养方向和目的，优化培育的成果。对大学生开展文化自信的培育，要把方向性作为出发点，坚守政治态度、保证政治方向，遵从中国特色社会主义文化的演化趋势，尽最大可能为当代大学生建立正确的价值观导向，为打造祖国新一代的接班人保驾护航。掌握当代大学生在发展方面的客观法则，为他们指明发展的方向和最终的发展标准，把文化自信的方方面面融入日常的理论学习以及社会实践当中，融合他们生活的各个领域，引导大学生们以极高的自觉性投入到对社会主义核心价值观的实践中。除了把文化教育融入日常教学里、书本里，更重要的是要通过文化融合的方式，使得优秀文化在大学生群体中入心入脑。充分利用好隐性教育和显性教育的不同优势，运用好各类传播载体，通过大家都容易接受的方式开展显性教育，用文化来熏陶大学生的心灵，使他们的文化自信得到提升。全面系统地促进大学生学习文化知识，促进他们全面发展，以积极的手段正面指引大学生建立正确的积极向上的文化价值观。

2. 民族性与开放性相结合

树立大学生对民族文化的自信心，一定要以民族性为基础，以开放性为前提。民族性是我国文化的最显著最典型特征，中华民族经历了五千多年，在这个过程中，积累沉淀的是历史，随之形成的是别具一格的中华民族文化。中华文化是中华民族的瑰宝，不论何时都不能抛弃。但是，这并不意味着学生只能接收本民族的文化，排斥外来文化，而是要有选择、有原则的接触外来文化，只有这样，才能更好地体会到中华文化的奥妙。

我们要鼓励大学生，勇于实践，乐于实践，在平常的学习和生活中，自觉地践行文化自信，对民族有信心，对民族的文化有信心。尺有所短，寸有所长，可以自信，但不可以盲目自负。任何文化都有其精华的部分，不可一概而论，故步自封也是不可取的。依照文化自由开放和交流互通的准则，以正向的心态正视外来文明的传播，拓展学生的文化眼界，丰富其精神世界。开放的过程中，要理性地看待各个民族的文化，仔细辨别外来文化，透过现象看本质，学习外来文化的优秀之处，同时注意防止腐朽文化的侵蚀，以此推动中华文化更进一步。

3. 系统性与科学性相结合

在进行大学生文化自信培育过程中应当着重关注系统性同科学性之间的综合。从学生的整体发展出发，培养其文化方面的自信心。在此之前，对培养的方式、内容、目标和效果需要有一个系统的安排和科学的规划。培养大学生的文化自信，首先要遵循科学性原则。学生所学的文化知识的来源首先必须是科学的，不可凭空捏造。根据不同学生的专业背景知识，设置不同的文化课程，例如理工科学生和文史类学生背景知识明显不同。还可以依据学生学习水平设置难度不同的文化课程，例如大一学生和大三学生。有针对性地教学，学生可以更好地进行文化知识的学习，获得更多的文化自信。教师的教学过程也要遵循科学性原则，针对不同层次的学生，采取恰当的教学方法，教授合适的教学内容。在这个过程中，系统性原则同样要重视。教学的过程和内容要做到清晰明了，教师要系统性的进行教学，按照教学目标，制定教学步骤，突出教学每一部分的重难点，让学生可以快速把握课程的节奏，从而可以有条不紊地学习，由易到难，由浅到深的系统的掌握文化知识，形成文化体系。从而了解中华文化，增强文化自信。

4. 继承性与创新性相结合

文化的发展是持续的，中华文化独具一格，绵延五千多年，有着深厚的文化底蕴和历史根基。高校需要整合好文化教育的资源，从中华文化角度出发，积极引导学生在实践中不断地学习中华文化的精髓，传承优秀的中华文化。并且让学生不断地完善自己的文化知识结构，向世界展示中华文化。文化自信培养的过程中，创新性原则不可或缺。要想中华文化永葆青春活力，就要做到与时俱进，结合时代发展的特征，创新文化的宣传方式、学习形式以及传承的方法，以此来吸引学生的目光，让学生爱上中华文化。

（二）更新文化自信培育理念

1. 学校方面

随着社会主义市场经济的发展，学校应该转变培育理念，不应该把学生学习专业知识的水平高低作为学生评奖评优的唯一标准，应该增加关于文化自信方面的学习，对学生全方位的培育。随着网络的不断发展，学生们的思维比较开阔，学校也应该打开思路，不应该把培养途径局限于课堂学习中，应当结合网络教学，实践教学和课堂教学相统一的培育方式，让文化自信的培育更加自然易接受。

同时，学校要考虑其自身的发展现状，积极主动地开办有关思政品德理论知识课程，在传统思想政治理论课的基础上转变理念开设其他满足大学生提升文化自信方面的课程。学校要考虑其本身的校情，积极开展文化思政理论知识课程，并实现这门课程的内容的完整化和高效化，拓展大学生的知识圈层，让大学生对于民族传统文化深入了解，强化他们对传统文化的归属感，认识和认同，对大学生们的需求和爱好进行调查并尽可能地让他们得到满足，进而增强当代大学生们的综合文化素质，促进大学生的全面发展。

2. 家庭社会方面

家长们要顺应新时期的社会发展需要，父母应该摒弃传统的利用促进大学生多方位发展的新型教学理念对大学生的整体全面素养的塑造做出努力与提升。同时，学生们的父母应该随时代更新教育理念，在对待大学生的教育上不仅仅应该关注对大学生们理论文化知识的教育，更要加大对大学生们的思政教育力度，同时也不能遗忘道德品质教育在学生教育里的重要性。

除此之外，父母也应该放弃“得理者得天下”的过于重视名利的传统，而应该让大学生全面对各种思想有新的认识。除此之外，家长也应重视提升大学生的实际应用能力，新时期的社会发展对当代大学生们的要求日益提高，社会对德智体美劳全面发展的人才需求众多，这就需要父母们在日常生活中重视学生们的实践动手能力，为社会培育拥有更高素质的人才。另外一个方面，父母应该时不时地教育大学生根据自身特征调整理想信念。毫无疑问，理想信念是我们自身奋斗的前进方向，有利于指明我们的人生前进道路。父母应该把理想信念教育贯穿至培育大学生的整个过程中，把大学生培育成服务和奉献社会的高素质人才。社会方面应该加强宣传，制作和播出关于文化自信培育方面的电影和节目。

3. 学生自身方面

大学生在学习自身专业知识的同时要更新思想政治观念，应该强化对思政理论知识课程的学习，提高学习文化理论课程知识的积极性，强化对于马列主义和我们国家独有中国特色社会主义的坚决信念，顺从马克思主义整体发展态势，才能在各种文化交错的环境中，对文化的真假具备甄别能力，提高自己对文化的鉴定、辨别、判断与选择能力。与此同时，大学生们要积极继承和弘扬一些我国的先进优秀文化，提高对这些文化的正确理解和认识，可以防止大学生们受到不良思想的恶劣影响，提高自己鉴别善恶的能力。

（三）丰富文化自信培育内容

新时代，对大学生的文化自信培养主要着重于大学生对自己民族文化的培养，并且对本民族的优良文化持有高度的重视。与此同时，我们也要传播、传承、宣传弘扬中华民族优良的传统文化，然后创造新的而又独特的中国社会主义优良文化，让文化发挥出应有的价值导向，让大学生身临其境地感受到民族情怀，让大学生成为中华民族优良文化的“弘扬者”和“传播者”。

1. 弘扬中国红色文化

“历史的火车头是指革命。”在新民主主义革命时期，中国共产党通过不断实践发展，总结出了一种具有深刻含义的文化产物，这种产物就是革命文化；这同时也是中华民族奋斗过程中，不忘初心、努力进取、不断奋斗的一项伟大财富。革命文化既是对我国优秀的传统文化的弘扬和继承，又是对其进行了升华，这其中凝聚了无数革命先烈的鲜血和精神意志。

新时期，培养对大学生的革命文化的自信心，应结合时代特征，根据实际情况加大对革命文化的宣传力度，主动继承革命精神。鼓励广大青年大学生树立理想信念，合理规划生活目标，明确奋斗方向，积极面对生活中的苦难。对革命文化进行了继承与发扬，对优秀的革命传统进行了弘扬，通过对革命文化的重新定位来树立和塑造广大人民群众的思想价值观。

2. 继承中国优秀传统文化

中国传统文化的宣传力度要大大提高，有意识的灌输优秀文化，给广大大学生提供一种文化自信的来源方式。

首先，划分优秀文化的选择标准，让大学生辨别文化的优劣意识得到提高。科学合理的区分中国传统文化，是大学生们学习的基础，主动认识中国的主流文化，在学习实践的反复过程中提高辨别文化的水平，辩证地看待我国的文化。

其次，对优秀传统文化的价值正确认识。从情感的角度来看，大学生更容易对持续了数千年的中华传统文化获得认同，而且大学生比较容易理解和接受中国传统文化的传播交流方式。例如：学生时代学习的古诗，其中就包含着众多的美德值得我们学习，潜移默化地吸收这些美德，可以更好地接受这些美德和将这些美德运用到现实生活中。文化产业可以根据自身的文化优势和特色自我发展，同时也可以和其他类似的行业进行结合，从而创造出一定的经济价值，发挥他们最大的价值。

最后，选择大众的普遍的易懂的方法，激发大学生的积极性，主动投入到文化创新之中。从内容的角度上出发，我们可以扩大传统文化的学习范围和深化对文化的学习程度。我国的传统美德能够让我们感受到这个世界的美好；传统书法艺术可以让我们体验文字的博大精深。我们可以把这些和实际相结合创新发展。从形式的角度出发，可以结合如今一些先进技术，促进优秀传统文化的发展创新。

3. 发展社会主义先进文化

在马克思主义思想的指导下，依据中国特色的社会主义伟大实践，吸收了马克思主义作为养分的中华优秀传统文化，以宝贵的革命文化经验为基础与依托，通过自身创新与发展，最终使他们在实践中，长成了珍贵的传统文化果实。积极地培育和实施以中华民族为核心的社会主义核心价值观，推动我国文化事业与传统文化产业的繁荣与发展，提升建设社会主义先进文化的生命力，不断促进我国文化的大发展与伟大繁荣。“没有先进文化的积极引领，没有人民精神世界的极大丰富，没有民族精神力量的不断增强，一个国家、一个民族不可能屹立于世界民族之林。”改革开放距今已有 42 年，我们在探索和建设具有中国特色的社会主义道路上已经取得了非常显著的进步和成果，社会主义先进文化迅速传承和发展，以本民族文化为根基，吸收和借鉴来自世界各地区和国家的优良文化，取其精华，去其糟粕，通过不断改革不断创新，促进本民族自身文化的竞争力持续提高，在应对外来文化时，能够更加从容不迫，促进本地区民族自身传统文化的综合竞争力不断提升，在应对外来传统文化时，能够更加从容不迫，将由社会主义引导的先进文化让中国焕发而出新的生机向全世界宣扬。极力推崇中国特有的社会主义先进文化，引导带领社会青年以及各大高校知识分子明确认同中国特色社会主义的先进文化，树立正确的社会主义核心价值观的理想，将自身的成长与发展都同党和国家的成长发展紧紧贴合，从而达到互惠互利的目的，并认清自身所必须要肩负起的责任，要坚定相信社会主义先进文化，肩负起创建中国社会主义的重担，努力实现文化强国这一目标。

（四）营造文化自信培育环境

“文化自信教育是基于一定环境下的人的实践活动，其必然离不开环境因素的影响。”在思想政治教育环境学说的指导下，我们应该对教育环境进行一定优化。培育和增强高校学生的文化自信，需要学校、社会、家庭、个人等多方角色的共同努力，为其打造一个系统全面的文化自信培养环境。

1. 优化社会文化环境

当下互联网和新媒体技术纵深发展，大学生与社会的交互日益频繁。现阶段的高校学生已经不仅是坐落在象牙塔里的知识接收者与旁观者，他们也会观察社会，同时社会的改变对他们的影响也越来越大。

首要任务是创造浓厚的社会文化环境。第一，应当合理借助媒体的文化信息传播效果，着重对中国历来的优秀传统文化给予记录、传递、扩散，以促进社会发展先进文化。要充分发挥报纸、杂志、图书等传统文化传播手段覆盖率广，传播性强的特点。同时利用广播、电视等大众媒体的巨大影响力，对中国传统的文化、革命斗争文化以及社会主义文化进行传播与推广，提升大学生的认知途径和认知形式。第二，努力推行在公共场所对学生进行指引；最大限度利用图书馆、博物馆、纪念馆等文化类公共场地做宣传教育活动，按时举办大学生的文化活动，充分让大学生感知到我国各种文化的特色与魔力。

除此之外，当地政府应综合本地的民俗习惯，以本地特色作为打造内容，推行地方特色的文化传统节日等活动，让大学生也能够积极参加进来。同时，打造社会性的文化交流环境，离不开政府的支持。对于本地的图书馆、博物馆、文化馆、科技中心、美术画廊等文化性的公共场所，应指定适当的免费制度，帮助大学生摆脱客观物质条件的限制，使他们更有动力来主动了解和领会中华文化的优秀成果，感受中华文化的独特魅力和张力，使他们在情感上深化对我国文明成果的认同，增强对我国文化的自信力和凝聚力。“社区是大学生认知政治的第一学校”，我们应最大程度在文化扩散与教育中利用社区这一关键因素，打造社区政治文化氛围。作为大学生交流最为频繁的地方，社区对培养大学生文化自信的重要作用毋庸置疑。一方面，社区要发挥文化宣传在社区中的重要作用；另一方面，鼓励大学生积极参与社区文化建设，通过社区建设来感悟文化的精神内核。

其次，是强化网络文化的建设，借助网络发展。当代大学生生活在互联网时代，其未成熟的价值观极易被互联网环境所影响。若要进一步培育高校学生的文化自信，势必要有一个符合国家发展方向的网络环境。文化和旅游部、国家广电总局等部门应着重强化针对网络平台发布信息的监督和管控，对平台的信息传播予以约束，让网络平台能够作为国家正确思想传递的阵地和优秀文化交流的空间。强化网络信息的审查，着重推行中华民族传统文化与我国社会主义先进文化，弘扬网络的正能量，尽可能减少传播负面新闻、抹黑英雄人物等不良信息的出现，为大学生营造良好的网络文化环境。

最后，积极打造和发展文化产业生态链。“在注重文化事业发展的同时重点发展文化产业，是增强文化自信的时代要求。”促进文化产业的长足发展，一方面既要使文化市场合理有序运作，另一方面也需要文化监管部门的严厉监管。要培养大学生的文化自信力，就必须为他们创造一个良好的社会文化环境，就不能忽视文化产业在该领域内对文化自信发挥的巨大作用。在某些创新性文化作品中，得到大学生们的一致好评，他们从这些节目中与我国优秀传统文化、红色文化和推进时代发展的先进文化产生共鸣，感受中华文化的绝对魅力。多创作一些影视作品，用影视作品激发了大学生对祖国的情感共鸣，使大学生在观看影视文化作品的同时，加深了对我国文化的理解和认同，增强了对我国文化的信心。新时代下重塑国民信心就应该关注此类能够引发情怀共振的优秀影视文化作品，大力推行、传播、扶植此类作品，也要努力指引大学生在休闲娱乐时对我国文化的思考，加深文化的理解。

与此同时，规范有关的法律条文，强化文化管控机构的监督管理行为，推进文化市场的合理竞争。由于市场本身存在的盲目性与延后性，使我国的文化氛围遭受到某些恶劣的侵害，部分文化作品一味贪图经济收益，背弃社会公德，扰乱文化市场。要保证文化市场的经营活动正常有序进行，为大学生提供更多有益的文化产品，国家要尽快出台法律法规，文化监管部门也应提高监管水平，为文化市场的繁荣营造和谐氛围，重点抨击，严格查处无视我国相关法律法规的文化产业。同时我国也要对文化的创新性予以重视，塑造文化品牌，颁布相关政策扶持文化创新机构，推行创新激励计划。这些年属于我国的原创文化产物一直保持上升态势，相关质量也得到了很大提升，给受众带来了更高层级的文化体验，大大加强了民族自豪感和文化自信。

2. 建设校园文化环境

大学生的学习以及生活更多地都在高校进行，故而高校也就成为思想和文化资源比较集中的地方，对于目前大学生们的成长来说，校园文化在无形中发生着重要作用。为了更好地提升大学生们在文化方面的自信心，强化当下校园文化的建设、提升校园文化的生命力、搭建积极向上的校园文化氛围，这样令大学生也可以完整地体现自身价值来充分表现文化自信就显得十分必要。

第一，要进一步提高教师群体的文化素质，高校的教师应该以为人师表为信条，持续不断地提高自身的知识素养和文化自信，在日常的教学中，不仅要向大学生们传授专业知识，更要重视引导和培养他们对我们国家的革命斗争历史以及现阶段社会主义文化的好奇心与探索欲，此外，教师应当把践行文化自信、推行文化自信落到实处，自发遵循职业操守的有关约束，坚定立场抵制恶劣行为，与此同时，要深化我国的民族精神的影响，在现下大学生对优秀传统文化与历史的了解为前提，对在独具中国特色的社会主义文化进行大力的宣传和弘扬，引导大学生们积极热情地投身到社会主义文化的建设中来，把我们的文化自信内化于心、外化于行。

第二，加强校园精神文化建设。对一个学校来说，好的校风以及校训无疑是校园文化精神最核心的内容，也是组成校园文化建设的重要部件，同时也存在相当的规范和约制。随着大学生的精神文明建设不断强化，更应注重好的学风、校风和教风的创建，良好校园文化氛围的营造同样能够更好地促进大学生们文化自信地树立。除此之外，学校的整体氛围和学习氛围的建设里，老师总体的教学习惯风格和学校领导的工作风格，都会对大学生产生潜移默化的影响，所以，加强学校校风以及学风的建设对培育大学生们的文化自信尤为重要，学校领导干部务必要保持民主和高效的作风，教师要以提高自己的文化修养水平、丰富自身的知识储备为基础，秉持无私奉献、敬业爱岗以及关怀学生的高尚品格。总而言之，校园优秀的精神文化氛围能有力促进大学生养成文化自信的意识，由此从根本上提升大学生对于文化的自信。

第三，在思想政治的教育里，要最大限度推行网络化技术的深入渗透，利用最新的科学技术支撑大学生建立文化自信。现下阶段，网络科技已经普及了我们生活的方方面面，在娱乐、学习与最新的信息渠道方面都获得了很大的效率提升。作为大学生们日常生活、学习重要窗口的校园网，也是网络思政的重要平台。随着网络的发展，大学生们在思想上也发生了巨大的改变，我们要更新传播媒介来开展思想政治教育工作，使高校的网络思想政治教育得到显著增强。

3. 深化家庭文化的熏陶

家庭是社会的最基本的组成部分，是大学生培养文化自信的最开始的场地，人的生长离不开家庭环境。只有健康的家庭氛围才有利于促进学生们的个人发展，反过来则会妨碍学生的全方位成长。所以，我们要关注于营造良好的家庭文化环境。

第一，最重要的是培养良好的家风家训。因为家庭是一个人出生后接受到的第一个场所，所以在潜移默化之中就有了家庭的标记。在大学生成长发展中，家庭文化对大学生的影响无疑是不可磨灭的。有了良好的家庭文化才会有自身对文化的自信，并且这种文化自信会一直影响着大学生的成长与发展。同时家风家训也是一个家庭文化的真实写照，并且还能看出一个家庭对我国文化的认知和继承发展的状态，对大学生也会产生深远持久的影响。现在我们国家的家庭文化已然传承了许多中华民族优良的传统美好德行，包括热爱祖国、诚实自信、与人和谐相处、热爱劳动、勇于面对、自立自强、尊重老人而又关爱儿童，这些优良传统已经刻入我们每一个人的心中，对我们中华儿女产生不可磨灭的影响。

第二，要记住时刻树立起家庭榜样的先锋模范带头作用。有了榜样，才有进步的动力，而进行思想政治教育的方式方法多样，树立榜样就是其中之一，同时这也是大学生培育文化自信的重要方式方法。子女对这个世界最初的认识来自父母，不管是对社会的看法还是自己形成的人生态度，一定程度上都有父母的原因。所以我们应该十分注重父母的教育孩子的方法，并时刻注意自身的行为，为孩子树立榜样。因此父母应注重以下几点：第一，努力提升父母的文化素质。父母不能只要求孩子，更应注重自身文化的提升，主动阅读并学习新的知识，加深对中国内相关优秀文化的认知，这样才能帮助子女树立正确的文化观。第二，要对文化情感有正确的认知。如若遇到中华民族优良的传统文化或者与之相关的文化，父母首先应该保持热情的态度，这样才能引起孩子对文化的兴趣。此外，父母还要支持孩子们主动参加对中华民族优良传统文化的保护与宣传，这样才可以更好地感受和理解文化。

4. 提高大学生自我教育

在互联网技术和经济飞速发展的今天，多种思想文化不断碰撞，呈现了较为复杂多样的文化环境。而对于身处其中的大学生而言，要想在多种文化中提高自己的文化素养和文化自信，就必然需要进行不断的自我教育。

（1）提升大学生文化素养

其一，自主学习文化知识。我们要积极自觉的学习、吸收并发展优质的文化，不断地促进文化素养提升。我们要培养大学生充分利用课堂资源提升自身文化素养的能力。同时我们也要培养大学生积极读书的习惯，让大学生养成热爱读好书的生活状态。

其二，大学生要培养对于文化的鉴别能力。经济的快速发展，开放的世界必然迎来更加多样化的产品和元素，随之而来的必然也有西方多种的文化思想和价值观念，需要更高的辨别和筛选文化的能力。因此而言，在日常的生活中，大学生要更加重视思想政治理论课程的学习，在马克思主义和中国特色社会主义的引领下培养自己的文化根基，在正确的方向引领下去面对多元文化的冲击，这样才能更好地判别文化的真伪和优劣，选择优质文化去完善自己的文化认知，提升自己的文化修养。此外，积极主动地学习中华民族的传统文化，是每个大学生甚至每个人都应该去做的事情和选择。

（2）需要培养一定的文化主体意识

只有增强了大学生的主体意识，才能使其为我国的文化发展添砖加瓦。大学生是社会主义文化传承建设者，而作为中国优秀文化的忠实弘扬者，作为我们民族文化自信和文化素养建立之路上的力量之一，就更加的要明白意识在自身的文化建立中的中坚地位。

此外，经济的迅速发展，文化的多元化激烈碰撞，新的时代对于大学生在多方面都提出了更高的要求，所以为了更好地响应新时代的号召，承担起传承文化和弘扬文化的重大使命，大学生就更加应该注重学习意识的培养，忧患意识地树立，以及创新意识的学习，不断地培养具有深度和宽度的文化自信和文化素养。先有文化认同感，才会让人有了解新文化的动力，而文化认知必然会带来不同程度文化自信的培养，因此想要培养大学生的文化自信，就需要在完善学生的文化认知，加大学生对于中华民族优秀的文化认同感。当然我们也不可以一味地闭门造车，还是要吸收借鉴外来的优质文化，这样才能让自已在文化自信培养和文化素质建立上更好的进步，不断扩充自身的文化资源储备，为更高阶的文化自信添砖加瓦。

（3）在实践中提高文化认知

大学生要自觉传承中华文化。大学生要积极调动自身在文化学习方面的主动性和积极性，踊跃地接触优秀的文化，储备自身的文化知识，提升文化素养。在文化建设的道路上，大学生可以进行选择的途径有很多，例如在课余时间通过阅读经典的作品去了解文化，丰富自己的文化知识储备。还可以通过一些兴趣爱好的培养进行文化的渲染沉淀，其中书法、剪纸、刺绣、二胡等都是非常具有文化代表的存在。此外，通过了解和传承一些传统的节日也是十分有效的一种学习和弘扬优秀文化的途径。

（五）创新文化自信培育路径

新时代背景下，大学生的文化自信培育不应当只是停留在对思想政治理论课的教育表面，而是应该通过各种不同的方法途径来开展培育工作。实现浅层次教育和深层次教育的结合，从别的课程里面发现思政教育的新思路。

1. 深化实践教学

要培养大学生们形成文化自信，不仅仅需要利用课堂教学对学生们传授理论文化知识，同时也需要开展实践教育来推动理论知识教育的内化。实践教育学习有助于改变大学生缺乏文化认知的现状，这是培育文化自信的好的途径。在整个的教育过程里，学校应当把一些优秀的传统文化、社会主义先进文化以及红色文化作为育人的核心。加强思政课实践教育学习，更好地表现出实践教育学习所要彰显的文化主题。

例如，打造特色文化基地，充分利用文化资源，搭建起良好的校外实践教育学习平台；学生们在老师的带领下，参观红色革命教育基地；充分整合多样化的优秀文化资源，形成独具特色的专业教育体系；通过四种主要的思政课，开展专门的实际教育论坛，更好地向社会展示实践教育学习效果。

除此之外，理科专业的教学探索应该引起学校的重视，在组织学生进行实践的过程中，在注意专业知识的同时也要注意在实践当中发挥文化主题的作用，这可以让大学生在实践中感受到文化的魅力。举个简单的例子，在学校中，老师可以引用相关的人物对大学生进行指引，除了让大学生学习专业知识外还可以让思想更上一层楼，这样就可以对现代大学生进行思想上的指导。做到思想政治教育实践和理念上的一致，把思想政治的小课堂和整个社会上的大课堂相连接，从而鼓励大学生建立起文化上的自信。

2. 推动课程思政

在思政课程培养的同时我们还应该加强思政课程的建设，从而实现全方位培养人才，同时这也是高校在意识形态上对现代教育的深入探索。教育工作人员第一步要做的是把思想政治课程融进专业课当中。专业课是高校为了培养大学生技能和知识所设立的，而它的主要任务是让学生们增长专业知识、提升专业技能，通过专业课的学习进一步了解自己所学的专业，分析专业的发展前景和未来趋势，最后培养大学生解决实际问题的能力。从长远角度来看，因为专业课程和思政课程有一定的不同，不能有效解释专业课程和思想政治课程之间的联系，故而让思想政治理论课程看起来和专业课程相差较大，这样的教育思想误差是由于其他的课程缺少对学生价值观念的引领与指导，所以思想政治课程不可缺失，必须以教育培养人才为目的，一方面要进行传授知识，另一方面也要加强对学生们价值观念的影响，强化思想政治课程开展的效果。

3. 加强隐性教育培养

当代大学生的文化自信要与隐性教育相结合并融合应用。当代大学生的文化自信结合环境、理念、路径为战略对策，并且及时将隐性中的感性因素与显性教育中的理性因素相融入的方式。事实证明，可以循序渐进地运用隐性教育对大学生文化自信进行陶冶。社会上鼓励关于文化自信方面电影、节目的开展。用娱乐的方式灌输文化自信的理念，让大学生在不知不觉中增强文化自信。 学校方面根据当代高校生的需要，准确利用高校生有兴趣的事项开展各项活动的宣传与实施，从而让高校生的文化自信得到更有效的培育。

4. 重视新媒体的应用

现在是互联网的新时代，文化自信培养受着大媒体时代快速传播信息的影响，快速扩展着积极影响，降低消极的影响成了现在新多媒体运用的关键点。

第一，要建设新多媒体的主导文化平台，打造出最有利于社会舆论的气氛。伴随着当代大学生对各类文化信息接受方式的多元化，已不能只将文化自信教育放在课堂上，更要注重于利用通过媒体传导而产生的影响力感染大学生。

第二，合理安排多媒体文化传播，壮大文化传播体系。新多媒体在文化自信教育方面更新内容有着及时性，在传播模式上也应当努力避免部分文化传播的负面影响。在及时进行新媒体文化传播的同时，有序安排传播文化内容，同时进行适当调整。现通过新媒体进行文化传播的途径多是以一段承载有限的内容小视频模式呈现。所以每个部分所蕴含的信息要注重特点的突显，并且要重点关注内容间的联系。可以使用连续节目类，文化知识答疑类等多种模式让新媒体在进行内容传播时取得良好的效果。

第三，要在彰显新媒体的优点的同时，强化文化教育的能动性、互动性、主观性。文化自信的培养成效也会受到各类社会头条事件的影响。官方媒体回复的实效性，不但可以加快解决事件的速度，还可以推动大学生强化对国情的认知了解程度。现在所应用的大多数新媒体平台通常会采用推送的模式进行多方位传播文化信息。当学生们长时间并且有策划的使用进行文化推送的一些特定软件后，会形成关注文化发展的好习惯。

第四，进入新媒体相对便捷简单，当大学生有自我意愿出现时，新媒体是可以将此意愿充分展现出来的，所以其在新媒体渠道上的应用可以让大学生对文化信息创新更感兴趣。当代社会发展到了一个新自媒体时代，所有公民不分高低贵贱，也不分种族，都可以通过自媒体吐露自己的心声。大学生能够在一些文化传播平台上表达自己内心的意愿与观点，这也是受到了各大高校或一些文化单位的大力支持与鼓励，高校自媒体发展平台的优越性为大学生提供了展现创新成果的机会。某些大型的组织活动为大学生们分享对文化信息的理解、思想动态提供了一个平台，使其对于文化创新的热情度有所提升，同时还增加了大学生对文化信息的获取感和成就感。

（六）加强外语教师的文化自觉

1. 确立文化自觉概念

（1）确立双重角色理念

课堂教学中外语教师的双重角色是指教师本身既是拥有中国文化的非母语教师（Non native Speaker），又是外国文化的传播者。由于外语教师的身份有着特殊性，只有让外语教师意识到他们职业角色的重要性，他们才能深刻认识并承担自身的使命。

首先，外语学科除了是语言类学科以外，还与文化、风俗、文学息息相关。所以外语教师在外语教学中，既要传授语言知识，也要把与之相关的文化风俗文学等知识传授给学生，让其在了解异域文化的同时，也能感受到中外文化间的差异，从而培养他们的文化比较能力。

其次，一个人的文化身份是由他的生活环境决定的。在中国本土成长起来的外语教师，他的文化归属，毫无疑问，一定会是中国文化，所以外语教师在文化教学中就有了双重角色，也有了双重任务。他们既是中国文化的传播者，也是外国文化的传递者。他们既要让学生了解目的语文化，也要让学生对相应的中国文化有更深的认识。如在讲到待人接物时，可以把中国的礼仪习惯和外国的礼仪习惯加以比较，并一起教给学生。

外语教师要有正确的双重角色观念，这样才能在教学实践中完成肩负的文化使命，既使中国文化得到传承发展，也让外国文化得到更大范围的接受。

（2）使学生树立文化学习的观念

在研究的过程中，发现外语教师没有对学生文化学习需求多加关注，原因主要有以下两点：一是由于教师和学生对文化学习方面的不重视，致使教师在课堂教学中忽略了文化方面的教学，也无从培养自身和学生的文化自觉性；二是学生学习基础薄弱、认知能力的欠缺以及课时不足导致教师无法在课堂教学中进行文化知识的学习。

学生文化基础薄弱并不代表学生对文化学习没兴趣。课堂教学是外语教师进行文化传播、文化比较的主要平台，所以教师在讲解语言知识的同时，也把文化教学结合进来，在教学设计上也要适当地调整，当学生提出问题后也要积极地为他们答疑解惑。很明显，部分外语教师在教学中面对学生关于文化知识方面的疑问时，让学生在课下通过网络或者书籍来解决问题的方式无法帮助学生对外国文化知识进行系统的学习。所以，外语教师在课堂教学中，除了传授语言知识以外，还要重视学生对文化学习的需要，并且与学生及时沟通，为学生学习文化知识提供有利条件。

2. 培养文化自觉意识

（1）培养跨文化意识

所谓跨文化意识即“不同民族、受不同文化影响的个人或团体之间的交流、交往”。我们通俗地讲是指“不同文化背景的人在交际过程中所具有的特定思维，或者说是民族文化思维，这种思维能够保证交际者能够准确地交流”。学生跨文化意识的培养除了通过大量阅读和自身领悟能力以外，还要依靠外语教师正确的跨文化意识的引导，所以教师的跨文化能力就变得至关重要了。教师应该具有较高的跨文化能力，能够把中外文化融会贯通，对其内涵、文化差异的渊源和演进过程有着深刻的认识，如此才能在课堂教学中对学生进行跨文化交际方面的教学，引导学生获得丰富的跨文化知识，养成尊重、宽容、平等、开放的跨文化心态和客观、无偏见的跨文化观念与世界意识，使学生形成有效的跨文化交往、理解、比较参照、舍弃、合作、传播的能力。由于授课教师有着不同的求学、工作和生活经历，他们的跨文化意识也各不相同，所以教师在文化教学的同时，也要加深理论学习和实践探索，做学生的榜样，提高自身对文化的敏感性，做到在课堂教学中顺利开展文化教学。

（2）培养文化反思意识

培养文化自觉的必备条件之一是要有反思意识，英语教师如果有了反思意识，就会对其以往的教学生涯和教学行为进行回顾、审视与检查，从而剖析自身在教学中出现的问题以及形成的原因，以第三方的角度观察自身的教学过程，对自己的教学风格和需要改进的方面有着清晰的认识。判断一个教师是教书匠还是研究型教师，根本标志在于他是否对自身的教育教学实践进行反思。

由此可见，反思是当代教师应该具备的基本素质。如何去反思并不是一件很容易的事，不是对过往的教学行为的简单回顾与总结，而是正视问题、究其原因、寻求解决策略、加以改正的过程。在结束日常教学之后，英语教师不仅要对语言点和语言技能的传授过程进行反思，而且还要在自身是否具有文化教学的理念、是否能在课堂上精准地将文化精华传递给学生、学生能否正确理解所学到的文化等方面进行反思。对文化进行反思既是英语教师对自身教学经验的梳理总结，也是将文化教学从实践上升到理念的过程。在实际教学活动中，一些教师在文化教学方面有着不合理、不正面的理念。如果教师不能认真反思自身在教学中存在的问题和不当行为，那么必然会给跨文化教学带来负面影响，使其不能健康发展，既会误导学生的跨文化学习，阻碍其文化自觉的形成，也会使教师文化自觉能力的发展停滞不前。因此，英语教师应该对文化反思重之又重，这既是开展跨文化教学的重点，也是教师提高自身文化反思意识、培养文化自觉能力的基础。

3. 践行文化自觉

（1）做到本土文化与西方国家文化相得益彰、相辅相成

一直以来，在英语学习过程中，很多人都达成了一个共识，即本土文化会干扰英语文化的学习。很多教师也没有意识到本土文化在英语教学中起到重要的作用。“认为学外语要忘掉母语才能学好恐怕比较片面，如果正确，也只是在初级阶段。实际上一个人如果母语不好，就很难真正学好外语。”

由此可见，一个人对母语文化的热爱程度决定着他对英语国家文化的理解程度。在英语教师群体中，也存在“一些教师对西方文化的过度崇拜，从而轻视本土文化”“过度夸大本土文化在英语学习与教学中的作用，而忽视英语国家文化”的两极分化现象。所以，教师不但要着力培养学生的文化自觉意识，还要消除自身对本土文化与西方文化的浅显臆断，在教学实践中，正面引导和配合学生学习了解中外民族文化发展演变史、文化传统和各种表现形式。

（2）积极借鉴国外文化自觉培养模式

进入21世纪以来，世界多元化发展非常迅速，在这个时代形势下，如何能让中国本土文化保持自我，不被“西化”，又可以将外国文化的精髓融入中国文化里，这既是一个时代的命题，也是一个迫切需要研究的问题。在外语教学中，如何将本土文化与外语教学相结合，这个命题既是中国的教育者要思考的问题，也是全球各国外语教学工作者值得探讨的问题，而他们探讨问题的过程和结果，能为我国的英语教育工作者在实践文化教学和培养文化自觉方面提供多方位、多角度的答案。由于各国国情和风俗习惯的不同，我国英语教师可以理性地借鉴国外的跨文化教学模式，从而丰富自身的跨文化教学内容，多角度、多层次、多方位地帮助学生培养跨文化意识，教师的文化自觉能力也得到相应的提升，并建设带有中国文化特色的跨文化教学模式，并让这种高效的教学模式在中国的土地上落地生根。

第二节　新时代大学外语教学的文化自信建设策略

党的十九大做出了中国特色社会主义进入新时代的重大政治判断，这为全面深化高校外语教育改革提供了根本遵循。新时代，高校外语教育必须坚持以深入学习贯彻党的十九大精神为统揽，立足服务国家战略，在抓好目的语文化教育的同时，注重中华民族文化教育，讲述中国革命文化好故事，传播社会主义先进文化好声音，着力培养具有国际视野、中国情怀的中外融通型外语人才，着力提升沟通中国与世界、推动中国走向世界、参与全球治理的文化软实力。宏观而言，凝练国家文化安全观等核心理念，定位于服务中华文化走出去的战略需要目标，瞄准国家外语能力建设和中华民族文化建设，为"一带一路"和民族文化地走进与走出提供智力支持与服务保障。中观层面而言，新时代高校外语教育应从以下方面进行改革与破题。

一、以文化自信为引领，修订外语教学大纲

新时代高校外语教育要始终服务文化强国等理念，始终坚持"四个自信"，按照"双一流"建设要求，修订高等学校外语教学大纲，补充以中华民族文化为对象的教学目标和教学内容。在培养目标与教学内容的设置上，各高校的外语教育要主动适应国家发展战略布局，主动对接"一带一路"倡议，依据国家标准、行业标准、各校的办学特色来制定自己的培养方案和教学大纲，对接学生日益增长的"价值观、伦理道德、民族精神"等方面的心理需要，在以往注重外语知识结构、跨文化交际能力的基础上，侧重社会主义办学底色、践行社会主义核心价值观、继承和发扬中华民族文化、民族精神，侧重强势外语与非通用语种协调发展，侧重中华民族文化国际表达，推动中华民族文化走向世界的中外兼通型人才或融通中外型人才培养。

大学外语要改变为等级考试而教、为等级考试而学的功利性倾向，全面转向，走出应试教育的老路，瞄准一流大学、一流学科、"一带一路"建设、面向国家重大战略需求、世界科技发展前沿，着力培养高层次国际化创新人才。

为此，完善大学外语教学大纲，适当调整原有的课程设置，在"处理好通用英语与专门用途英语、跨文化交际教学的关系"之外，处理好中华民族文化与外国文化的关系，引导中华民族文化参与国际交流，扩大中国的国际话语权；自觉抵御西方文化扩张与文化霸权，培养中华民族文化自觉与文化自信，强化

学生中华民族文化身份认同，维护中华民族文化安全。

二、坚持中外文化兼修，修编新时代外语教材

新时代的外语教育，是国家的一项文化建设工程。国家文化建设要求“推动中华文化走向世界，积极吸收各国优秀文明成果，切实维护国家文化安全”。新时代高校外语教育，站在与外国文化交流与交锋的前沿阵地，正是宣传中华民族文化、推动中华民族文化走进世界的力量之一。这其中，作为文化传播的直接载体，外语教材的功能与作用要充分挖掘和重视，“要切实推动中国特色社会主义理论体系进教材进课堂进头脑”，“坚决抵制那些传播西方错误观点的教材进入我们的大学，打造以马克思主义为指导的教材体系，为壮大主流意识形态提供坚实支撑”。因此，中华民族文化元素如果被排斥在外语教材之外，自然在外语课堂上就会鲜有触及，这不利于培养学生的民族文化自觉意识和对外传播意识，就不易有民族文化的自信心。

为此，外语教材编写，务必坚守国家主流文化阵地，在介绍、借鉴外国先进文化的同时，防范外语教材中出现各种意识形态风险。在新时代，适当甄别筛选引进西方原版教材的同时，强化中国民族文化元素融入外语教材，从只强调目的语文化向中外文化双向交流与互动转变，注重中外文化有效融合、互补与对比，着力培养中国大学生多元化文化价值观，保持和认同中华民族文化身份。

三、坚持以文化人，强化外语教师文化自觉意识

教师，是教书育人活动的主体。外语教师对中华民族文化的认知水平和文化素养的高低直接影响学生社会主义核心价值观的塑造以及中华文化自信与否。为此，作为高校外语教师，首先，要提高站位，牢记使命。外语教育教学的最终目的是促进各种文化之间的相互交流与沟通，联通外部的“国际化”与内部的“本土化”，理性辩证保持他文化与中华民族文化的优势互补、互利共生，尊重世界文化的多样性与差异性，相互借鉴，推陈出新，确保中华民族文化在继承中走向发展，走向世界，从而走进世界。

其次，高校外语教师要主动适应新时代新要求，与时俱进，更新教学思路与理念，培育文化自觉意识，从价值上意识到中华民族文化参与世界治理的关键地位，全面贯彻落实党的教育方针，通识中西，争做中华民族文化走向世界

的引领者与弘扬者，新时代文化自信的倡导者与践行者，与其他课程形成社会主义核心价值观教育的“同向相行”和“协同效应”。

四、坚持外语课程思政，拓展教学内容

“课程思政”，就是学校教育的各类课程都要与思想政治教育、与社会主义核心价值观教育同向同行，与之形成协同效应。高校外语教育，更应当如此，要求做到把外语知识传授与价值观教育、价值引领相结合，发挥外语课程的育人价值，把显性的外语语言教学与隐性的价值观教育融会贯通，彰显语言之外的力量。培育新时代高校大学生的文化自觉与自信，必须扭转高校外语教育长期以来的重知识轻文化倾向，挖掘外语课程的德育内涵和元素，强化价值观教育，实现外语知识传授与社会主义核心价值观教育同频共振。

为此，各高校可以思考设立外语课程思政指导委员会，开展外语课程思政试点工作与研究工作，落实专项经费，激励外语教师探索并改革，促进外语教育的“工具性”理念向“人文性”理念的转向，“在听、说、读、写、译等工具性教育中增添富含‘情感态度、价值观念’的人文性的内涵教育”。在教学内容的组织上，在讲授外国文化时，不失时机地导入中华民族文化，并对二者进行对比与比较。加大专业必修及选修课中中外国家历史文化比较等内容的比重，引导学生正确对待中外文化差异，引导学生读懂中国、了解世界，增强“四个自信”，强化中华民族文化身份认同。鼓励并支持外语教师面向全校开设有关中国及地方传统文化的全英文选修课，开设中国文化的英文讲座，结合中国传统节日举办丰富多彩的以外语进行表达的民族文化活动，引导学生坚守中华民族文化的同时，树立多元文化理念。

五、坚持融通中西，优化测试评估体系

教学评估和考核测试体系是教育教学的风向标与指挥棒。新时代，外语测试与评估应有一套新体系。

一是在侧重点上，要从传统侧重考评语言知识、语言技能向侧重考评中外跨文化运用能力转变。把教师和学生的注意力从听、说、读、写、译的技能型训练聚焦到提高外语综合运用能力、思辨能力及中国故事、国际表达的能力上来。

二是在内容把握上，要以考评目的语语言文化为基点，适当加大中华民族文化教学目标和内容的考评力度，培养学生提炼中华民族文化中一脉相承的、前后贯通的文化内核、价值观念和民族美德的能力，提升师生融通中外的文化素养，塑造中华民族性格，增强民族自尊心、自信心和民族自豪感。

三是在考核方式上，在考评知识、技能、能力、素养之外，适当加大中外文化差异认知辨析考评力度，适当增加中华民族文化题材比重，最终培养师生的爱国主义意识，维护国家的国际形象、国际尊严和国际利益。

参考文献

[1] 仝品生，罗蓉 . 外语教学理论与实践研究 [M]. 昆明：云南大学出版社，2011.

[2] 陈许，李华东 . 高校外语教学研究与思考 [M]. 杭州：浙江大学出版社，2013.

[3] 王铭玉 . 现代外语教学多维研究 [M]. 上海：上海外语教育出版社，2015.

[4] 姜毓锋 . 基于多模态话语理论的外语教学模式构建 [M]. 北京：北京理工大学出版社，2015.

[5] 余青兰 . 多媒体外语教学的历史嬗变 [M]. 开封：河南大学出版社，2015.

[6] 刘艳，曹艳琴，兰英 . 现代外语教学与语言文化研究 [M]. 北京：光明日报出版社，2016.

[7] 宁雅南 . 微时代背景下外语教学整合研究 [M]. 北京：光明日报出版社，2016.

[8] 郭娟 . 外语教学与语言文化 [M]. 长春：吉林文史出版社，2016.

[9] 陈修铭，袁瑞姣 . 外语教学与语言艺术 [M]. 长春：吉林大学出版社，2017.

[10] 董娟，柴冒臣，关茗竺 . 第二语言习得与外语教学研究 [M]. 长春：吉林大学出版社，2017.

[11] 郭敏，余爽爽，洪晓珊 . 外语教学与文化融合 [M]. 北京：九州出版社，2017.

[12] 张美玲 . 中西文化认同与外语教学范式研究 [M]. 长春：吉林大学出版社，2017.

[13] 胡永近 . 多模态话语分析理论及其在外语教学中的应用 [M]. 合肥：安徽大学出版社，2018.

[14] 杨静 . 现代信息技术优化外语教学研究 [M]. 西安：西北工业大学出版社，2018.

[15] 欧阳魏娜，侯飞亚，刘子涵 . 大学外语教学中的慕课和翻转课堂研究 [M]. 西安：世界图书出版西安有限公司，2018.

[16] 李培东 . 外语教学原理与实践研究 [M]. 银川：宁夏人民出版社，2019.

[17] 郭鸿雁，周震 . 新时代外语教学改革：理论与实践探索 [M]. 银川：宁夏人民教育出版社，2020.

[18] 张广颖，安砚波 . 线上外语教学中的文化导入研究 [J]. 中国教育技术装备，2020，4（19）：71-72.

[19] 王殿生，王一然 . 网络新环境下大学外语教师教学能力培养 [J]. 中国新通信，2020，22（19）：169-170.

[20] 王丽云 . 高校外语教学改革中翻译人才的培养问题 [J]. 科教文汇（中旬刊），2020，4（09）：182-183.

[21] 赵辉辉 . 在高校外语教学中提升学生思辨能力 [J]. 中国高等教育，2020，4（18）：61-62.

[22] 郭凤鸣 . 新时代高校外语教育的文化自信 [J]. 成都理工大学学报（社会科学版），2020，28（05）：88-94.

[23] 杨海妮 . 基于信息技术与外语教学深度融合的大学英语课堂教学改革实践 [J]. 陕西教育（高教），2020，4（09）：38-39.

[24] 焦丹 . 深度教学法在外语教学实践中的应用研究 [J]. 外语学刊，2020，4（05）：79-85.

[25] 张丽红，阮东彪 . 新时代外语课程思政三维探析 [J]. 湖南第一师范学院学报，2020，20（04）：64-69.

[26] 席瑶 . 关于高校外语在线教学的实践与思考 [J]. 英语广场，2020，4（24）：79-81.

[27] 赵小燕 . “互联网 +”语境下外语教育的学科内涵与范式转型 [J]. 海外英语，2020，4（16）：193-194.